面白いほど自分がわかる

# 心理テスト

中嶋真澄

ボー文庫

# はじめに

自分はどうして、こんな気持ちになるのだろう？
人にはどんなふうに見られているのだろう？
あの人はなぜ、あんなふうに反応するのかしら？
みんなは、どんなことを考えているのだろう？

わかっているようでいて、わからないのが、
自分や他人の心のうち。

人の心は単純そうでいて複雑なところもあれば、
複雑そうでいて意外に単純なところもあるものです。

そんな心のうちを心理テストで探ってみましょう。
まじめ一辺倒ではつまらない、
おもしろいだけでは物足りない。
そんなあなたにぴったりの、心の本音がわかる本です。

仲間とやればワイワイ楽しく盛り上がり、
恋人と一緒にやれば、
お互いのことがよくわかるコミュニケーション・ツールとなるでしょう。
もちろん、ひとりでこっそりやってみたいあなたにも、
じっくり取り組んでもらえます。
では、さっそく始めましょう。

中嶋真澄

第1章

## 自分の心編　心の奥底に隠された本当の自分が見えてくる

## 第2章

## 人間関係編 人づきあいの癖と傾向がわかればもう悩まない

## 第3章 恋愛・結婚編 気になる相性・理想の恋人からHの話まで

# 第4章

## 仕事編 隠れた才能からあなたにピッタリの仕事を見つけ出す

## 第5章

# 将来編 望み通りの人生を送ることはできるのか

# 第1章

# 自分の心編

## 心の奥底に隠された本当の自分が見えてくる

# TEST 1

# 部屋の隅のぬいぐるみはなんてつぶやいた？

誰もいない部屋の隅に、
ぬいぐるみがポツンと置かれています。
そのぬいぐるみがひと言、
つぶやきました。
さて、なんとつぶやいたでしょうか？

**A**

「ぼくは、どうして
こんなところにいるんだろう？」

**B**

「ぼくは、いったい
誰なんだろう？」

**C**

「ぼくは、これから
どうなるんだろう？」

TEST 1

# 診断

## ぬいぐるみのつぶやきから、あなたが「働かせている知性の特徴」がわかります

ぬいぐるみは幼い頃のあなた。ぬいぐるみのつぶやきは、幼な心に感じた人生についての疑問。そこから、あなたが働かせている知性の特徴がわかります。

## A を選んだ人 身体的な知性が発達した人

あなたは本能的な直観が働く人。身体の知性が発達しています。考えるよりも先に身体が動き、身体が動いていないと頭の中はぼんやりしていそう。体験したことを土台に物事を判断します。また、地に足のついたところがあるので、どっしりとした存在感を感じさせるタイプです。

## B を選んだ人 感情の知性が発達した人

あなたは物事をハートで受け止める人。感情の知性が発達しています。自分

の感性を重視し、フィーリングで物事を判断しようとします。そのため、場合によってはものの見方が主観的になりがち。自分の中にあるイメージや人に与える印象を大切にするので、やさしさや優雅さを感じさせるタイプです。

## C を選んだ人　頭の知性が発達した人

あなたは頭の知性を働かせている人。何事も頭で考え、頭で納得しようとする傾向があります。抽象的な思考や理解力にすぐれ、パソコンに精通していたり、頭の体操のようなゲームなどが得意なタイプです。ただし、頭の中にさまざまな可能性が浮かびすぎて、判断を下すまでに時間がかかりそう。

【解説】人間の知性には、頭の中で考える〝思考能力〟のほかに、ハートで感じる〝感情の知性〟、身体に備わった〝本能的な直観に基づく能力〟があります。3つの知性のうち、どれがいちばん機能しているかは人によって違うため、物事のとらえ方、考え方も人それぞれなのです。

TEST 2

# ひとり旅での記念写真。お気に入りの1枚は？

ひとり旅に出かけたあなた。
自撮りをしたり、
人に頼んで押してもらって、
観光スポットで何枚か写真を撮りました。
さて、どの写真がいちばん好きですか？
お気に入りの1枚を選んでください。

**A** 自分をアップで写した写真

**B** 中央に自分の全身をおさめた写真

**C** 自分は控えめに写っている写真

**D** 自分は写らず風景だけの写真

TEST 2

# 診断

## 旅先でのお気に入りの写真で、あなたの「基本的な性格の傾向」がわかります

写真の撮り方ひとつでも、人の性格はわかるもの。とくに旅先での記念写真に写ったあなたの姿は、あなたの基本的な性格の傾向を雄弁に物語ります。

### A を選んだ人 みんなの前に出たがる行動派

あなたは何でもテキパキこなす行動派。自信家で目立つことが大好き。みんなをまとめて引っ張っていく、グループのリーダー的存在です。ほめ上手で、人のプライドをくすぐり、やる気にさせることにも長けています。何でも自分がいちばんでないと気がすまないところが玉にキズ。

### B を選んだ人 まじめで向上心が強い努力家

理想が高く、まじめで仕事熱心、勉強熱心な努力家。自分に厳しく、何事に

も一生懸命。忍耐強さもあり、やるべきことはどんなに時間がかかってもやりとげようとします。また、誰にでも平等公平に接しようと心がける人です。短所は、人に対して批判的になりやすく、文句が多くなりがちなところ。

## C を選んだ人　感受性豊かな個性派

あなたは想像力豊かなロマンチストで、繊細な美意識と起伏に飛んだ感情を持つ個性派。悩んでいる人や苦しんでいる人の心の友となり、寄り添ってあげることのできる人です。ただし、気分や感情に流されやすく、気まぐれな一面もあります。

## D を選んだ人　ひとりが好きな孤高の人

人づきあいが苦手で孤独を愛する人。人間以外の機械、パソコン、動物などと接しているほうがいいといったタイプ。観察力があり、客観的で、思慮深いところのある人。人に対しても先入観や偏見を持たず、うわさ話などには左右されません。とにかくウエットな人づきあいが苦手で、ちょっと冷淡なところも。

TEST 3

# 道の真ん中に大きな岩が！さて、あなたのセリフは？

頂上の展望台をめざして、
友人とふたりで、はるばる山道を登ってきたあなた。
もうすぐ展望台というところで、
道の真ん中に大きな岩が……。

さて、あなたは友人に何と言うでしょうか？

**A** ここまで来たんだから、
岩を乗り越えて行こう。

**B** なんとかこの岩を
どかすことはできないかな？

**C** 仕方がないから、
ここでお弁当にしよう。

TEST 3

# 診断

## 大岩を前に何と言うかで、あなたの「忍耐強さ、キレやすさ」がわかります

道をふさいでいる大きな岩は、あなたの前に立ちはだかる障害物。障害物を前にしたとき、どんな態度をとるかで、忍耐強さとキレやすさがわかります。

### A を選んだ人 すぐにキレるけど後腐れなし

あなたは、腹を立てるとすぐにカッカする人。まるで活火山のように人前でも怒りを爆発させます。そして、周りの人やモノに怒りをぶつけ、その怒りを発散しようとします。そんなあなたは、「キレると怖い人」と思われていそう。でもいったん怒りを発散すれば、あとはさっぱりしているので、見かけほどには怖くないタイプです。

### B を選んだ人 忍耐強いぶんキレると怖い！

あなたは、腹の立つことがあっても、すぐには怒りを表に出さない人。怒りを抑圧しているタイプです。でも、その怒りはなくなったわけではなく、腹の中でマグマのようにフツフツと煮えたぎり、抑えれば抑えるほど、いつ噴火するかわからないようなところがあります。ふだんは忍耐強くまじめなあなただからこそ、キレると怖い側面があるのです。

## Cを選んだ人　自分の怒りに鈍感でキレない人

あなたは、めったに腹を立てない人。あまりイライラしたり、カッカすることがないため、周囲の人からは温厚な人と見られがちです。たとえ腹が立っても、自分の怒りになかなか気づかず、あとになって「あのときは腹が立ったなあ」と思い出すことがあるくらいでは？　怒りを感じるまでの時間が長いので、キレようにもキレることができないタイプです。

TEST 4

# 木の絵を完成させるなら何を描き足す?

この絵は、成長した木の一部を描いたものです。
あなたの好きなように
枝や葉、根、花、実などを自由に描き加えて、
1本の木を完成させてください。

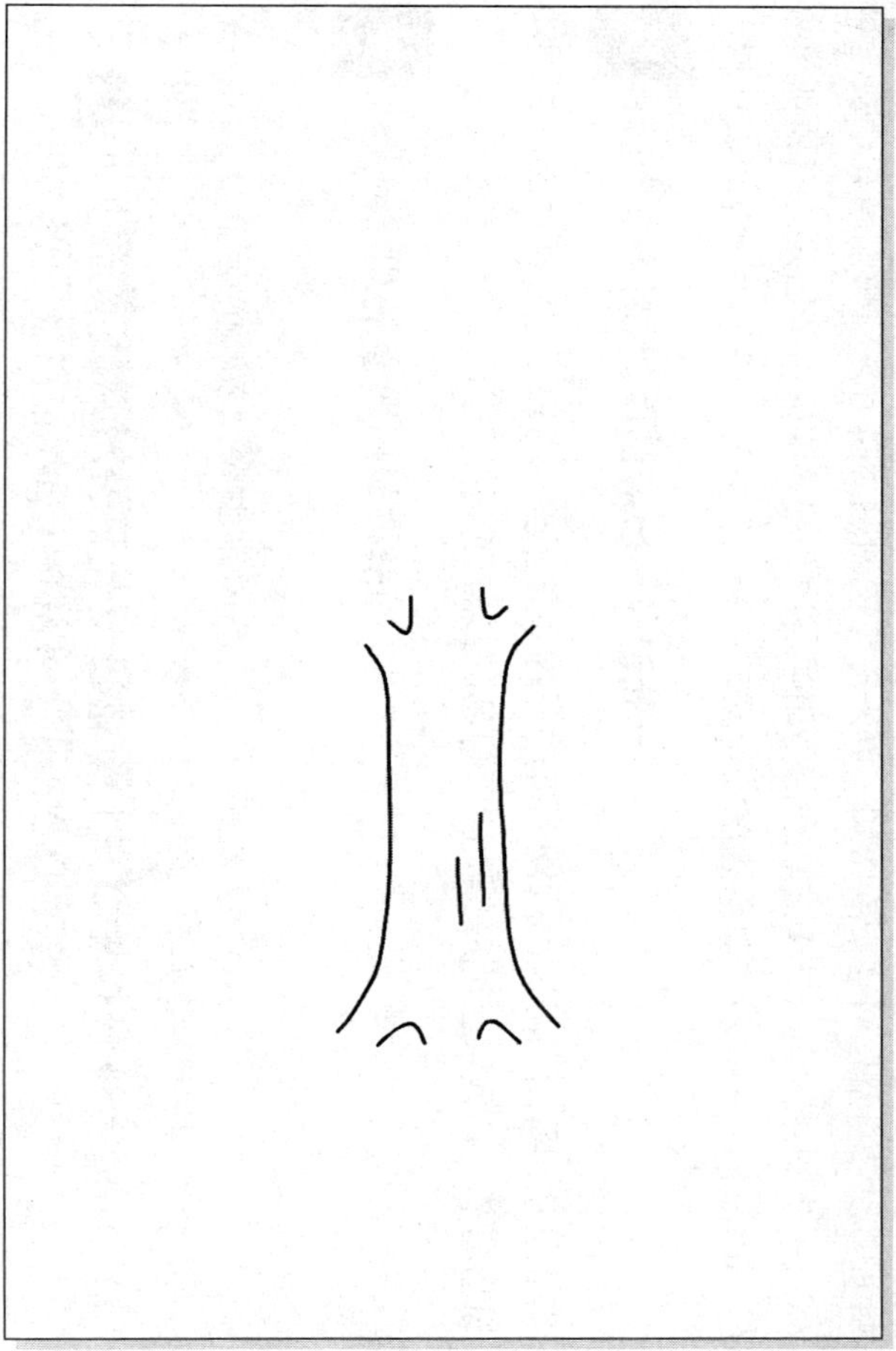

TEST 4

## 診断

## 木の絵に何を描き足すかで、あなたの「精神的なエネルギーの特徴」がわかります

どんな木を描くか、そして、その木にどんなものを付け加えるかで、あなたの内面からあふれる精神的なエネルギーの特徴がわかります。

### 根が表すもの 安定感のエネルギー

しっかりとした根を描いた人は地に足のついた人。生活力があり、精神的に安定して落ち着いています。細い根や短い根は不安定で気力に欠ける傾向が。

### 葉が表すもの 生命力と知性のエネルギー

葉っぱをたくさん描いた人は、未来に向かう健康的なエネルギーに満ちていると同時に、頭の働きが活発で、知的好奇心に引っ張られて行動するタイプです。葉っぱの少ない人や枯れ葉を描いた人は、落ち込みやすい傾向があります。

## 枝が表すもの　好奇心と行動力のエネルギー

枝をたくさん描いた人は好奇心旺盛で活動的。太い枝は集中力を表し、細い枝は移り気を表します。細い枝が多い人は物事が長続きしない傾向がありそう。

## 花が表すもの　注目・関心のエネルギー

花を描いた人は、自分の魅力に気づいていて、注目してほしい、関心を持ってほしいという気持ちの強いタイプ。大きな花はより強い関心を求めたがり、小さな花は注目や関心より「愛されたい」という気持ちのほうが強い人です。

## 実が表すもの　結果のエネルギー

実のなる木を描いた人は、自分の能力や実績を認められたいという欲求が強い人。また、物事の結果を重視する人で、実益を考えて行動する傾向があります。実を描かなかった人は、あまり目標や目的を考えていない人でしょう。

TEST 5

# 水平線を描いた絵に太陽を描き入れるとしたら？

真っ白いキャンバスに水平線とヤシの木、鳥が描かれています。

この絵に太陽を描き入れるとすると、あなたはどんな太陽にしますか？

**A　水平線の真上に輝く大きな太陽**

**B　東の水平線から昇る朝日**

**C　西の水平線に沈む夕日**

**D　空のかなたに小さく見える太陽**

TEST 5

# 診断

## どんな太陽を描き入れるかで、あなたの「自己評価と他人からの評価のズレ」がわかります

太陽は、あなたの個性や才能の輝きを表しています。太陽の位置や大きさから、あなたの個性や才能を、あなた自身と他人がどう見ているかがわかります。

### A を選んだ人 「自分は特別な人間」という自信が周囲にも影響

あなたは、「自分は特別な人間で、みんなよりすぐれたところがある」と思っているようです。実際に、その思い込みが自信となって自分自身を輝かせ、周りの人からも「あの人はスゴイ」「自分たちとはちょっと違う」人と思わせてしまうところがあります。

### B を選んだ人 自分も周囲も「フツーの人」と評価

あなたは、「自分はわりあい平凡な人間で、能力や才能の面でもほかの人と

それほど変わらない、まぁ人並み」と思っているようです。そして、周りの人からもごく平凡な生き方をしている、フツーの人と見なされています。

## C を選んだ人　自己評価は個性的。でも周りの評価は「よくいるタイプ」

あなたは、自分のことを「変わっている、ユニークで個性的な人間だ」と思っています。きっと、何か非凡な才能を持っていると感じているのでしょう。でも、周りの人は、そんなあなたを「いるよね、ああいうタイプの人」と、ひとくくりにしか見ていないことがあるようです。

## D を選んだ人　自他ともに認める「ちょっと変わった人」

あなたは、自分のことを「ちょっと変わっているのかもしれない」と思っていて、周りの人からもちょっと変わった人、何か非凡な才能のある人と思われているようです。いわば自他ともに認める変わり者であり、個性的な人といえるでしょう。

TEST 6

# 友人が玉の輿《こし》に乗っていたらどう思う？

学生時代に仲のよかった友人と、街でばったり出会ったあなた。友人は結婚して近くに住んでいるといいます。誘われて、そのまま家まで行ってみると、なんと超リッチな大豪邸！ 結婚相手は、若くてハンサムな大富豪だったのです。おいしいお茶をいただいて、帰る道すがら、あなたはなんと思ったでしょう？

**A**
お金持ちの友達ができちゃった。
これからも仲よくしようっと。

**B**
彼女、幸せそうで本当によかった。
心から祝福してあげたいな。

**C**
彼女とは住む世界が違ってしまった
みたい。なんだか自分がみじめ。

**D**
悔しい！　なんで彼女だけが
玉の輿に乗るわけ。私も負けない。

**E**
なんだかできすぎた話。彼女にも
人に言えない悩みがきっとあるはず。

TEST 6

# 診断

## 玉の輿に乗った友人をどう思うかで、あなたの「心に棲む悪魔のタイプ」がわかります

人の幸福を見たとき、負の感情がわき起こったことはありませんか? 他人の幸せに対する反応から、あなたの中にうごめく悪魔のタイプが浮かび上がります。

### A を選んだ人 自分の幸せしか眼中にない自己チュー悪魔

あなたは自分のことだけしか考えていない自己チュー人間。自分がハッピーであればそれでよく、自分が楽しいことや欲しいものは貪欲《どんよく》に手に入れようとし、嫌なことや面倒なことは避け、他人に責任を押しつけようとします。

### B を選んだ人 思い上がった偽善者悪魔

あなたは自分を「愛にあふれた善い《よ》人」と思っているようですが、実は高慢で独占欲の強い人。親切にした相手が感謝しないと、怒りを感じるタイプです。

## C を選んだ人　嫉妬深いエゴイスト悪魔

あなたの内面に巣くっているのはドロドロした妬《ねた》みの感情。特にライバル視している人に激しい嫉妬心を抱きます。それを認めたくないばかりに、相手を軽蔑したり、自分自身がその感情に毒されて、うつ状態になることも。

## D を選んだ人　意地悪なウソつき悪魔

負けず嫌いなあなたは、自分が勝つために平気でライバルを蹴落とすことのできる人。相手の悪口を言いふらしたり、意地悪なことをしたり。また、自分をよく見せるために、平気でウソをつくこともありそうです。

## E を選んだ人　執念深い復讐悪魔

物事を斜に構えて見がちなあなたは、実は執念深いところのある人。人からされた仕打ちはいつまでも覚えていて、いつか仕返ししてやろうとたくらんでいます。そのくせ、自分は弱みを握られないように常にガードしています。

TEST 7

# 引っ越し準備で見つかった大量の荷物……

引っ越しをすることになり、
荷物の整理をしています。
押し入れの奥から、
何年も使っていない荷物が大量に見つかりました。
さて、あなたはどうしますか？

**A** 思い切って全部捨てる。

**B** 引っ越し先へ全部持っていく。

**C** リサイクルショップやフリマなどですべて売る。

**D** いいものだけを残してあとは捨てる。

TEST 7

# 診断

## 不要な荷物をどうするかで、あなたの「過去の失敗の引きずり方」がわかります

引っ越し前に処分しなければならない荷物は「あなたの過去」を意味します。その荷物をどうするかで、あなたの過去との折り合いのつけ方がわかります。

A を選んだ人

### 過ぎた失敗はきれいさっぱり忘れてしまう

あなたは過去の失敗にあまり引きずられない人。「過ぎたことは過ぎたこと」といさぎよく割り切り、前向きに生きることのできるタイプです。ただし、嫌なことはきれいさっぱり忘れてしまうために、過去の経験を生かせず、同じ失敗をくり返すこともあるかもしれません。

B を選んだ人

### いつまでもズルズル引きずってしまう

あなたは過去の失敗をずっと引きずりつづける人。失敗したことでなくても、

自分のしたことについて、あれは間違っていなかったか、こうすればよかった、ああしなければよかったとクヨクヨ悩みつづけ、なかなか前へと進めません。

## C を選んだ人 過去は引きずらないが、常に将来が不安

あなたは過去の失敗や悪いことを思い出すことは少ないものの、「将来、悪いことが起こるのでは……」と常に不安を抱えている人です。先のことで「失敗するかも」という思いが強く、それで自己暗示にかかってしまって失敗してしまうことがあります。

## D を選んだ人 嫌なことは忘れ、いいことだけ覚えている

あなたは過去の栄光はよく覚えている反面、失敗は覚えていない人です。これまで自分のやってきたことはみんなうまくいった、失敗したことなど何もないと思っています。また、日頃から失敗を避けるため、はじめからうまくいきそうなことにだけトライする傾向があります。

TEST 8

# かごの中の動物に自分をたとえるとしたら?

あなた自身を
自由を奪われた動物にたとえるなら、
どの動物にいちばん近いと思いますか?

**A** オリに入れられたトラ

**B**

かごの中の小鳥

**C**

鎖につながれた犬

**D**

かごの中のハムスター

**E**

水槽の中のカメ

TEST 8
# 診断

## 自由を奪われた動物は、あなたが抱える「心の中のモヤモヤ」を表しています

私たちの内面には、うまく処理しないとストレスの原因になる心のモヤモヤがあります。自由を奪われた動物は、あなたのその心のモヤモヤを表しています。

**A** を選んだ人
### 刺激のない生活がストレスに

凶暴なトラを選んだ人は自分の「エネルギー」をもてあまし気味。刺激のない生活に物足りなさを感じているのでは？　全力投球できる仕事や活動が必要かも。

**B** を選んだ人
### 激しい感情をもてあまし気味

自由気ままな小鳥を選んだ人は、自分の「気分や感情」をもてあまし気味。内面には激しい感情を抱えながら、それをどこにぶつけたらいいのかわからないのでは？　演劇や創作活動など、何か自己表現の手段が必要かも。

## C を選んだ人　やるべきこと優先の自分にイライラ

忠実な動物である犬を選んだ人は、自分の「欲求」をもてあまし気味。常に自分が「したいこと」よりも「しなければならないこと」を優先しているのでは？　時にはハメをはずして人生を楽しむことが必要かも。

## D を選んだ人　いつも不安を感じている状態にイライラ

かごの中の回し車でグルグル遊ぶハムスターを選んだ人は、自分の「不安感」をもてあまし気味。何か頼れるものがあり、それに守られていれば安心していられるところがあります。心の支えになるものや誠実な仲間が必要かも。

## E を選んだ人　怠けグセのある自分に嫌気が

カメを選んだ人は、自分の「怠け心」をもてあまし気味。何をするのも面倒で先延ばしにし、そんな自分に嫌気がさしそう。目標設定や行動が必要かも。

TEST 9

# 友人に会ったとき、最初に伝えるのは何？

あなたは、友人に頼まれていた用件を伝えるため、友人宅に向かいました。
その途中、とても怖い出来事と、とてもうれしい出来事がありました。
さて、友人に会ったあなたは、何を最初に伝えますか？

**A** 怖かった出来事

**B** うれしかった出来事

**C** 頼まれていた用件

TEST 9

# 診断

## 最初に何を伝えるかで、あなたが「ピンチのときにどうふるまうか」がわかります

まず用件を話すか、怖い体験を伝えずにはいられないか――その優先順位から、あなたがピンチのときにどんな反応をするタイプかがわかります。

**A** を選んだ人

### ピンチのときほどイキイキする「即反応タイプ」

あなたはピンチのときに「これは大変！」とすぐに反応する人。じっとしていられず、なんとかしなければと動き回ったり、誰かに話さずにはいられません。あなたには、苦境や逆境のときほどドラマチックな充実感があり、イキイキとしていられる面がありそう。けれども、別に大したことでなくてもすぐ大騒ぎして、周囲の人を巻き込んでしまうお騒がせ人間になる可能性もあります。

**B** を選んだ人

### なんとかなるさとあわてず騒がず「楽観視タイプ」

あなたはピンチのときにも「きっと大丈夫」と楽観視する人。それほどあわてず、「なんとかなるだろう」と大きく構えているようです。苦境や逆境のときでもあまり落ち込まず、常に前向きの姿勢を保っています。けれども、早いうちに対処すれば大事に至らなかったことを放っておいて、あとで大変な目にあったり、周りの人に迷惑をかけたり、自分で自分をピンチに陥れるようなこともありそうです。

## C を選んだ人　何をすべきか考えて冷静に対応する「段取りタイプ」

あなたはピンチのときほど、冷静になれる人。何か問題が起きたとき、「まず何をすべきか？」と段取りを考え、冷静に対処しようとするでしょう。苦境や逆境のときも、感情的に取り乱したりせず、ただやるべきことをやろうとします。けれども、周りの人の気持ちをくみとれずに冷たい反応になってしまったり、自分自身の気持ちをうまく把握できずにストレスをため込んで体調を崩すなど、あとでツケが回ってくることもありそうです。

# TEST 10

# お花見のときのあなたの役割は?

桜の咲く季節。
仲間でお花見をすることになりました。
ひとり一役が割り当てられます。
あなたはどの役割を引き受けますか?
次からひとつ選んでください。

**A** 場所取り係

**B** 食糧調達係

**C** 会計係

**D** レクリエーション係

**E** 写真撮影係

TEST 10

## 診断

### やりたい係りは得意分野。そこから「知られたくない心のダークサイド」がわかります

得意なことに覆い隠された心の影の部分が浮かび上がってきます。

**A を選んだ人**

**つきあい上手の裏側に、権威主義の面が**

あなたは波風立てずに人づきあいをしようとする人。偏見や先入観を持たず、誰とでも分けへだてなくつきあえます。でもその裏には、社会的地位の高い人を「えらい人」と見なし、そうでない人を下に見る権威主義な面があります。

**B を選んだ人**

**面倒見のよさの裏側に、自分はそうなりたくないという思いが**

あなたは人から頼られると、嫌な顔ひとつせずに引き受けられる人。自分が面倒を見ている人とは気さくにつきあい、気取りがありません。でもその裏には、自分が人に世話してもらう立場になることを恐れる気持ちがあるようです。

## C を選んだ人　気配り上手の裏側に、もうひとりの自分が

あなたは協調性があり、周囲に細やかな気配りのできる人。でもその裏には、自分より上の立場の人に対する強い反抗心があり、陰で悪口を言ったり乱暴な言葉を吐いたりすることが。自分の中にもうひとりの自分がいるようです。

## D を選んだ人　気さくさの裏側に、相手の気持ちに無頓着な面が

あなたは誰とでもこだわりなくつきあえる人。特定のグループに属さず、オープンな人間関係を作ろうとします。でもその裏には、人の気持ちに無頓着で、苦しんでいる人の気持ちをわかろうとせず、冷酷に突き放す一面があります。

## E を選んだ人　冷静さの裏側に、周囲も驚くような情熱的な面が

あなたは何事にも冷静に対応できる人。でもその裏には熱い情念があり、興味あるものや人にマニアックなこだわりや執着心を持つことがあります。

TEST 11

# 妖怪のいる谷間から宝物を持ち帰るには？

ある月夜の晩、
妖怪のいる谷間に
宝物を取りに行くことになりました。
夜明けまでに宝物を持ち帰ることができなければ、
あなたには恐ろしい運命が待ち受けています。
谷間にたどり着くと、妖怪たちが酒盛りの真っ最中。
さて、どうする？

**A** 妖怪と戦い、妖怪を倒して宝物を奪う。

**B** 妖怪に気づかれないよう、こっそり宝物を盗む。

**C** 妖怪に近づき、仲良くなって宝物をもらう。

TEST 11

# 診断

## 宝物を持ち帰る方法で、あなたの「内面に潜む暗い感情との向き合い方」がわかります

恐ろしい妖怪は、あなたの内面に潜む暗い感情やネガティブな思い、複雑で割り切れない気持ちや矛盾した感情を表しています。

### A を選んだ人 自分の人生を自分で切り開こうとする

あなたは、自分の人生は自分の意志や努力次第で思い通りになると思っています。そのため積極的に行動し、がむしゃらにがんばる面があります。反面、自分の内面にあるネガティブな部分、特に心の弱さや複雑な感情と向き合うのは苦手です。それがかえって、あなたの人生をつまずかせる原因になることも。時には傷ついた自分や弱い自分も認めてあげましょう。

### B を選んだ人 自分の生き方を周囲の期待に合わせがち

あなたは、自分が周囲の人からどんなことを期待されているのかに敏感で、その期待に合わせて行動しようとする人。たとえ、自分の中に矛盾する気持ちやネガティブな感情がわいてきても、そんなことを思ってはいけないと自分自身を制しがちです。それが、「自分の人生は先が見えている」と感じさせる原因かも。もっと、自分自身の暗い部分を、「そういうところがあってもいいのだ」と受け入れてみては?

## C を選んだ人 自分の世界を生きることのできる人

あなたは、自分の中の暗い感情や矛盾した気持ちを、わりと抵抗なく受け入れてしまえる人のようです。たとえ、そこから何か怖いものが出てきても恐れず、それはそれでよしとしてしまい、自分の内面世界を遊ぶことができます。それが将来、何か創作的な活動に結びついていく可能性もありそう。ただし、現実世界から遊離したバーチャルの世界にのめり込む危険性もあるので、気をつけてください。

TEST 12

# 思わず衝動買いした本のタイトルは？

あなたは、通りがかりに立ち寄った書店で、タイトルにひかれて、ある本を衝動買いしました。

あなたがひかれた本のタイトルは、どれですか？

**A**

がんばらなくていいさ
〜ゆっくり行こうよ〜

**B**

今のままでいいのか？　この社会
〜私たちの手で変革を〜

**C**

第一印象が決め手！
〜人生の勝ち組になる人はここが違う〜

**D**

人生楽しまなくちゃ損
〜あれもこれもの欲ばりハッピーライフ〜

TEST 12

# 診断

## 衝動買いした本のタイトルから、あなたの「一見、長所ともとれる短所」がわかります

どんな言葉がいちばん心に届くかによって、自分ではいいと思っているけれど、やり過ぎると欠点にしかならないような、あなたの特徴がわかります。

### A を選んだ人 おおらかな心も、度を超すと単なる怠け者に

あなたは、細かいことにこだわらない、おおらかな心の持ち主。でも、そのおおらかさも度を超すと、精神的に成長したいという気持ちに欠ける恐れがあります。時には、自分に対して「がんばれ！」とカツを入れてみましょう。

### B を選んだ人 正義感の強さも、度を超すと欲求不満の強い人に

あなたは、間違ったことや世の中の不正を嫌う正義感の強い人。でも、正義感も度を超すと、単なる欲求不満の強い人になる恐れがあります。不平不満は

かり口にしていると、心の中にイライラをため込むことにもなります。時には、「人の心を動かすのは、怒りよりも愛」ということを思い出して。

## C を選んだ人　自分を魅力的に見せたい気持ちも、度を超すと見栄っ張りに

あなたは、自分を魅力的に見せたいという気持ちが強く、そのための努力を怠らない人。でも、その気持ちが度を超すと、中身より外見を飾ることを重視し、見栄を張った会話ばかりする人になる恐れがあります。「魅力的なのは外見だけ」にならないために、内面の魅力を磨く努力もしてみて。

## D を選んだ人　ポジティブシンキングも、度を超すと無責任体質に

あなたは、人生を肯定的に受け止めるポジティブシンキングの人。でも、その姿勢も度を超すと、嫌なことはさっさと忘れ、苦しいことは避けてばかりの無責任体質になる恐れが。人生とより深く向き合うために、時には精神世界や哲学、文学、自然科学の本を読み、奥深い世界に思いを馳《は》せてみては？

# TEST 13

# 魔法使いからの贈り物。どんな順番で手放す？

あなたは魔界で、魔法使いから4つの贈り物をもらいました。
その贈り物を狙って3人のゴーストが現れました。
無事、魔界を抜け出すためには、
ゴーストたちに贈り物を与えなければなりません。
あなたはどの順番で手放しますか？
その順番と、最後まで手放したくないものをあげてください。

**A** 魔法の仮面

**B** 魔法のツボ

**C** 魔法の翼

**D** 魔法のお菓子

| 贈り物を手放す順番 | | | |
|---|---|---|---|
| ① | ② | ③ | ④ |

TEST 13
# 診断

## 手放す順番から、あなたが「人生で失いたくないもの」がわかります

魔法使いからの贈り物は、あなたが自分の人生でこれだけは持っていたい、失いたくないと思っているものを意味しています。このテストでは、4つの中でも特に何を大切にしているか、またあるものを得るためには何を捨ててもいいと思っているかがわかるのです。

それぞれの贈り物が意味することは次の通りです。

**A 魔法の仮面 ＝ プライド**
**B 魔法のツボ ＝ お金**
**C 魔法の翼 ＝ 自由**
**D 魔法のお菓子 ＝ 愛**

たとえば、最初に魔法の仮面を手放した人は「ほかのもののためならプライドは捨ててもいいと思う人」。最後まで手放さなかったのが魔法のツボだとしたら、「人生はお金がいちばん大事だと考えている人」ということになります。

**【回答例】**

◎手放す順番が、①**魔法のツボ（お金）**②**魔法のお菓子（愛）**③**魔法の仮面（プライド）**④**魔法の翼（自由）の場合**

この人は、自由奔放でナルシスティックなところがあるタイプかもしれません。お金や愛する人との生活よりも、自由を追い求めるロマンチストで、会社勤めや結婚生活を束縛と感じるようです。

◎手放す順番が、①**魔法のお菓子（愛）**②**魔法の仮面（プライド）**③**魔法の翼（自由）**④**魔法のツボ（お金）の場合**

この人は、お金や財産をためることに喜びを感じるタイプかもしれません。お金のためなら手段を選ばず、恋人や家族、友達との関係をないがしろにしがちで、お金さえあれば自分は自由だと感じるようです。

TEST 14

# いちばん感動的で心打たれるシーンは?

人生にはさまざまな感動のシーン、
美しい風景がありますね。
次の中で、あなたが実際に目にしたら、
いちばん感動的で心を打たれると思うシーンを、
選んでください。

**A**　変化に富んだ美しい風景

**B**　荒野に毅然と立つ野生動物の姿

**C**　チーム一丸となって勝利を勝ち取った姿

**D**　新人がオーディションに優勝した姿

**E**　親友の結婚式

TEST 14

# 診断

## もっとも感動するシーンから、あなたが「どんなときに傷つきやすいか」がわかります

この設問では、あなたがどんなときにナイーブな感情を刺激されて傷つくか、さらに、感情が傷つけられたときに起こるネガティブな心の動きがわかります。

**A** を選んだ人 **「大勢の中のひとり」扱いは耐えられない**

自分の個性が認められず、「大勢の中のひとり」として扱われるのがいちばん傷つく人。自分よりも個性や才能を認められてチヤホヤされている人がいると、メラメラと嫉妬心がわいてきます。その人が友人だったりすると、妬《ねた》みの気持ちはますます強くなり、悶々と苦しむことになりそう。その苦しみを克服するには、人から認められるものを身につけて自信を育てていくしかありません。

**B** を選んだ人 **無邪気な自分を裏切るなんて大ショック！**

あなたは無邪気で人を信じやすい人。その無邪気さが踏みにじられ、裏切られたと感じるときがいちばん傷つくようです。そうなると一変して、相手に憎しみを抱きます。そして、仕返しをしたい気持ちと、そんなことをしてもむなしいという気持ちとの板ばさみで、眠れぬ夜を過ごすことに。その苦しみを克服するには、より信頼できる人と関係を築いて、過去を断ち切るしかありません。

## C を選んだ人 居場所が見つからないときがつらい

あなたは、自分の居場所が見つからないときにいちばん傷つくようです。友達づきあいやグループの中に苦手な人や新しい人が加わったときなど、自分が排除されるのではないかと感じ、不安と猜疑心に苛まれるでしょう。その苦しみを克服するには、苦手な相手にも自分から心をオープンに接すること。すると、苦手と感じた人も意外にいい人だとわかり、仲良くできるかもしれません。

## D を選んだ人 勝負に負けたり劣等感を感じると心はズタズタ

あなたは常に「自分は人より上」という優越感を抱いていたい人。そのため、人に負けたときや、自分が人より劣っていると感じたときにとても傷つくようです。そんなあなたは、劣等感を克服するためにますますがんばり、相手に競争心を燃やして対抗しようとするでしょう。同時にライバルの失敗を望む気持ちが頭をもたげ、足を引っ張ってやりたい衝動にかられることも。そのような衝動から逃れるためには、努力を重ね、実力で勝負していくしかないでしょう。

## E を選んだ人 頼りにしていた仲間が去っていく状況がショック！

あなたは、自分が見捨てられたと感じるときがいちばん傷つくようです。たとえば、それまでみなで一緒にやっていたことが、それぞれの事情で集まれなくなり、気持ちもバラバラになっていったときなど、寂しく不安に感じるのでは？　また、周りに頼れる人がいないときや、大事なことを自分で判断しなければならないときにも大きな不安を感じるでしょう。そんな不安を克服するには、人に頼らず、自分の力でやっていけるだけの自立心を養うしかありません。

# 第2章

# 人間関係 編

人づきあいの癖と傾向がわかれば
もう悩まない

TEST 15

# あの嫌な虫を見つけた！あなたがとった行動は？

部屋にひとりでいるとき、
一匹のゴキブリを発見！

さて、あなたはその瞬間、
どうしたでしょうか？

**A** 叩きつぶした。

**B** キャーと悲鳴を上げた。

**C** 強力殺虫剤をスプレーした。

**D** 嫌だと思い、黙って見過ごした。

TEST 15

# 診断

## ゴキブリを見つけたときの行動で、あなたの「嫌いな人に対する態度」がわかります

とっさの判断には、本音が無意識に出てしまうもの。ゴキブリに対してとった態度は、あなたが苦手な人や嫌いな人にとってしまう態度を表しています。

### A を選んだ人 嫌いな人には容赦せず攻撃するタイプ

あなたは、露骨に自分の感情を表に出してしまう人。相手のことを嫌いだと思ったら、悪口を言ったり、面と向かってあからさまに攻撃的な態度をとるでしょう。そして、困っている相手を見て、「ざまあみろ」と大喜びするのです。

### B を選んだ人 逆上して周りを味方につけようとするタイプ

あなたは、嫌いな人に対して感情をむき出しにする人。自分から相手の悪口を言っておきながら、相手に何か言われると逆上し、平気で相手を傷つけるよ

うなことを言います。そして、自分の態度を有利にするため周囲の人にすり寄り、「あなたは私の味方よね」とまとわりつくのです。

## C を選んだ人　表面的には仲良くして陰で攻撃するタイプ

あなたは、常に「自分はいい子」で「悪いのは相手」と思っている人。そして、そのことを周りの人に印象づけようとします。表向きは相手と仲良くつきあっているフリをしながら、陰で悪口を言ったり、わざとその人の信用を失わせるようなウワサを流し、徐々に仲間はずれにしようとします。

## D を選んだ人　「とにかく無視がいちばん！」タイプ

あなたは、嫌いな人に対してきわめて冷淡な態度をとる人。相手に対して無関心を装い、すれ違っても気づかない態度をとったり、ほとんど口もきこうとしません。なるべくその人と関わらないようにして、あたかもその人が存在しないかのようにふるまいます。

TEST 16

# 読書とごはんと友人…あなたは何を優先する？

推理小説に熱中しているあなた。

いよいよクライマックス！　というところで、家の人から「ごはんできたよー」と呼ばれました。

と同時に、友達から
「遊びに行こう！　今すぐ電話して」

というメールが。


さて、あなたならどうする？

**A** 読書を中断し、まずは冷めないうちにごはんを食べる。

**B** 読書を中断し、まずは友達に電話する。

**C** 読書を続け、まずは結末まで読んでしまう。

TEST 16

## 診断

### 何を優先させたかで、あなたが「人づきあいが得意か苦手か」がわかります

用事がいくつか重なって、優先順位をつけなくてはいけなくなるケースはよくあります。何を優先するかで、あなたの人づきあいの傾向がわかります。

### A を選んだ人　狭い範囲の人づきあいで満足

食事を優先させたあなたは、家庭的な面があり、家でゆっくりくつろぐのが好きな人。第一に、自分や家族が安心して快適に暮らせることに気を配ります。友人関係も決まった人とのつきあいで満足でき、あまり積極的に人間関係を広げていこうとはしません。仕事や社会的な活動に役立つ人脈作りは苦手です。

### B を選んだ人　浅く広くソツなく。親密な関係は苦手

友達への電話を選んだあなたは、わりあい社交的で、外に出ていろいろな活

動に参加したい人。一対一の関係よりもグループ交際が得意、全体の中で自分が受け持った役割をソツなくこなします。ひとりの人とのつきあいにはあまり深入りしません。恋人やパートナーとのつきあいなど一対一の親密な人間関係を作るのは苦手なタイプです。

## C を選んだ人　興味がある人以外はノーサンキュー

読書を優先させたあなたは、自分が興味を持った人、好きな人としかつきあわないタイプ。エキサイティングな人間関係を求め、共通の関心事について深い話ができ、お互いに深く関わり合える一対一の関係を望みます。その場にいるみんなと仲良くしなければいけないようなグループ交際は苦手です。

**【解説】**「家での食事」は、自分自身の健康や快適な生活を求める欲求を表しています。「友達からの電話」は、現実社会の中で、自分がどんな位置にいるか、周りの人にどのような形で受け入れられているかということへの関心を示しています。「読書」は、個人が深く没頭できるもの、熱中できるものを象徴しています。

TEST 17

# 最後のひと切れ、すすめられたらどうする？

友人宅に集まり、
みんなでおいしいケーキを食べています。
最後にひと切れ残りましたが、
遠慮して誰も手をつけません。
友達があなたに向かって、
「いかが？」とすすめてくれました。
さて、あなたはどう答えますか？

**A** じゃあ、遠慮なくいただくね。

**B** みんなで少しずつ分けて食べようよ。

**C** いえ、私はけっこう。誰かどうぞ。

TEST 17

# 診断

## 最後のひと切れをすすめられたときの反応で、あなたの「友達の作り方」がわかります

最後に残ったケーキをどうするか……。その答えには、あなたの人との接し方が表れています。

### A を選んだ人　自分から積極的に声をかけて成功

ストレートに自己主張できるあなたは、同じように自己主張できる人と友達になるのがいちばん。大勢の人の中でちょっと目立つ積極的な感じの人と友達になるとうまくいきそう。きっと相手も「あの人、誰だろう」とあなたに興味を持っているはずです。あなたから声をかけてみては?

### B を選んだ人　グループ活動を通じた友達作りを

協調性を重んじ、人のことを気づかうあなたは、同じように周囲の人を気づ

かい、人に合わせることのできる人と友達になるのがいちばん。まずは地域活動やサークル活動など、グループ活動を通じて知り合いを作り、仲間同士のつきあいのなかで、同じような価値観を持つ人を見つけましょう。

## Cを選んだ人　引っ込み思案で控えめな感じの人を

何事にも控えめでおとなしいあなたは、あまり人と群れず、ひとりでいることが多いはず。そんなあなたは、積極的な人や自己主張の強い人はたぶん苦手。むしろ、自分と同じように引っ込み思案で控えめな感じのする人にひかれるでしょう。直接話をするのが苦手なら、メールやSNSでのつながりから始めてみては?

**【解説】**人への接し方には「積極的に向かっていく」「周囲に合わせようとする」「距離を置こうとする」という3つのタイプがあります。これらの違いは友達作りにも大きく影響してきます。自分と似た態度をとる人には好感を持ちやすく、コミュニケーションをとりやすい面があります。友人としての相性は似た者同士のほうがいいといえるでしょう。

TEST
18

# もつれた糸、あなたならどうする?

使っていた糸がもつれてしまいました。
その糸をほどこうとしますが、
なかなかうまくいきません。
こんなとき、あなたならどうしますか?

**A**
イライラして引きちぎり、
捨ててしまう。

**B**
時間がかかっても、
ひとつひとつもつれをときほぐす。

**C**
ほどけるところだけほどき、
もつれたところは切ってつなぐ。

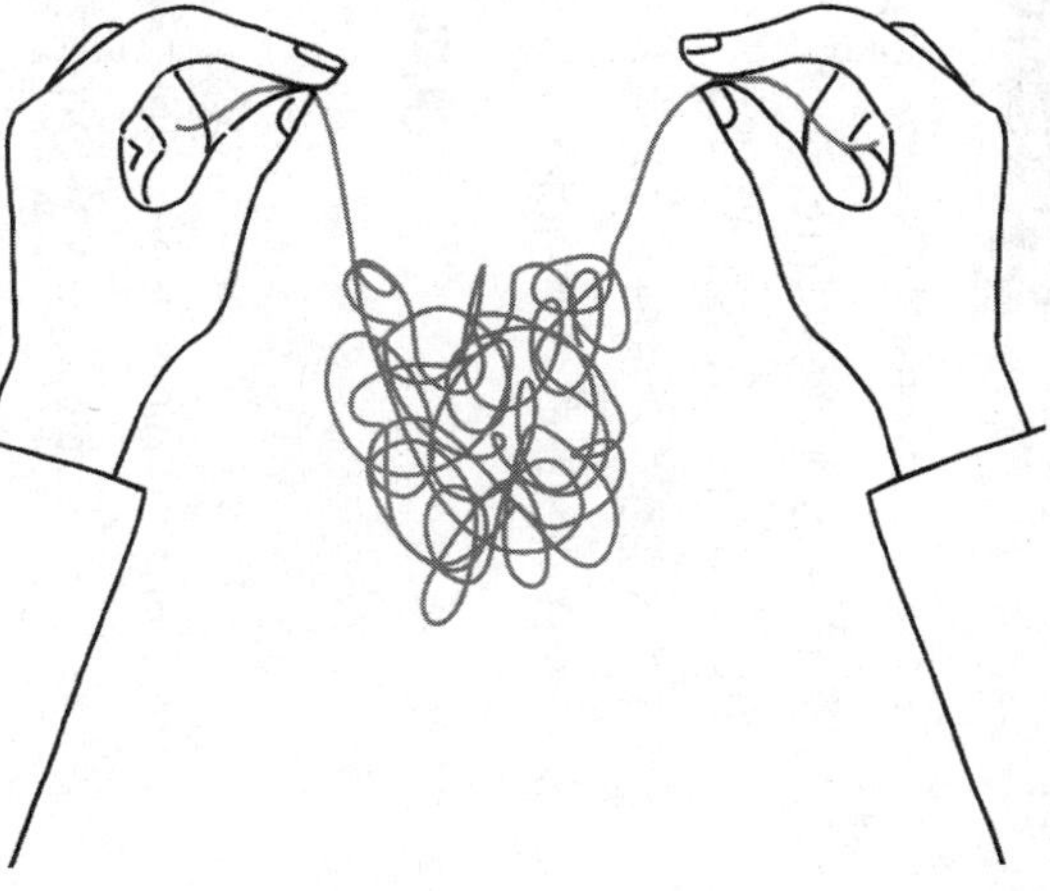

TEST 18

# 診断

## もつれた糸をどうするかで、あなたの「こじれた人間関係の対処法」がわかります

もつれた糸は、人間関係の葛藤を表しています。その糸をどうするかで、こじれた人間関係に対するあなたの対処法が見えてきます。

**A** を選んだ人

### 自分からすぐに関係を断ち切る

人間関係がこじれると、すぐに相手との関係を断ち切ってしまおうとする人。人の心の機微が理解できず、複雑な人間関係に耐えられません。時間をかければ、いい関係に発展したかもしれないものを、自分から壊してしまうようなところがあります。自分が傷つくことを恐れているために、心を開いて人と関わることができず、自ら大切な人間関係を手放してしまいがちです。

**B** を選んだ人

### 関係悪化を恐れて自分からは動けない

どんな人間関係も、自分からはけっして断ち切ろうとしない人。一見、忍耐強く寛容な人に見えますが、実は問題が表面化することを恐れるあまり、相手と向き合うことを避けているだけかも。そんなあなたは、自分が原因で人とのつながりを失うことを恐れているようです。相手が同じようなタイプであれば、関係は泥沼化するばかり。そうでなければ、相手のほうから関係を断ち切ろうとするでしょう。

## C を選んだ人　第三者にすりよって味方を作る

人間関係がこじれると、自分のどこが悪かったのか、相手はどういう気持ちでいるのだろうかとあれこれ悩む人。そのうち、悩んでいる自分を美化し、傷ついたのは自分だと思い、自分が相手を傷つけたことはすっかり忘れてしまいます。その結果、相手との関係はますますこじれることになり、お互いにいつまでもいがみ合い、憎しみ合うことにもなりかねません。

TEST

19

# 救命ボートが気づいてくれない！

転覆した船から海に投げ出され漂流していると、
近くを救命ボートが通りかかりました。
大声を上げて助けを求めるあなた。
でも誰もあなたに気づかず、
そのまま通り過ぎていきました。

遠ざかる救命ボートを見ながら、
あなたが思ったことは？

**A** 自力で生き延びてみせる！

**B** 必ず誰かが助けに来てくれる。

**C** もう助からないかも……。

TEST 19

# 診断

## 漂流者の心の叫びから、あなたが「どんなふうに人を攻撃するか」がわかります。

生きるか死ぬかの場面で見えてくるのは生きることへの意志。時には人を蹴落とすこともありえます。この設問であなたが人を攻撃するやり方がわかります。

**A を選んだ人　正面からストレートに攻撃**

あなたは、ストレートに相手を攻撃するタイプです。人には言わなきゃわからないだろうと、言葉で相手の弱みを突き、打ちのめそうとします。それが相手に大きな傷を負わせることになるのですが、時には自分が勝ったつもりでも、気づかないうちに、裏工作の得意な敵にこっそり足をひっぱられる可能性もあります。

**B を選んだ人　裏に回って味方を作り、ジワジワと攻撃**

あなたは面と向かって相手を攻撃するのではなく、裏に回ってジワジワと陰湿に敵を攻撃する人。あたかも自分は被害者のような顔をして相手の危険性を吹聴し、よからぬウワサを流したりして周囲の人を自分の仲間に引き入れようとします。けれどそのやり方は、かえって相手の味方につく人を増やすことにもなりかねず、あなた自身の首をしめる結果になるかもしれません。

## C を選んだ人　匿名性を利用し、隠れたところで攻撃

直接、人に向かって強いことを言えないあなたの攻撃性は、人に隠れたところで発揮されそうです。たとえば、ＳＮＳでの書きこみなどで気に入らない人をコテンパンにやっつけ、言葉だけで相手を傷つけることができる人でしょう。でも、そのうち周囲の人から非常識な人と見なされ、総スカンをくらうかもしれません。

# TEST 20

# お城の食事会。テーブルにお皿は何枚必要？

あなたはお城の主です。
お城には召使いのほかに誰もいません。
ある晩、あなたは、
退屈と孤独をまぎらわすため、
お客を招いて食事をすることにしました。
招いたお客の数だけ、
テーブルの上に自由にお皿を描いてみてください。

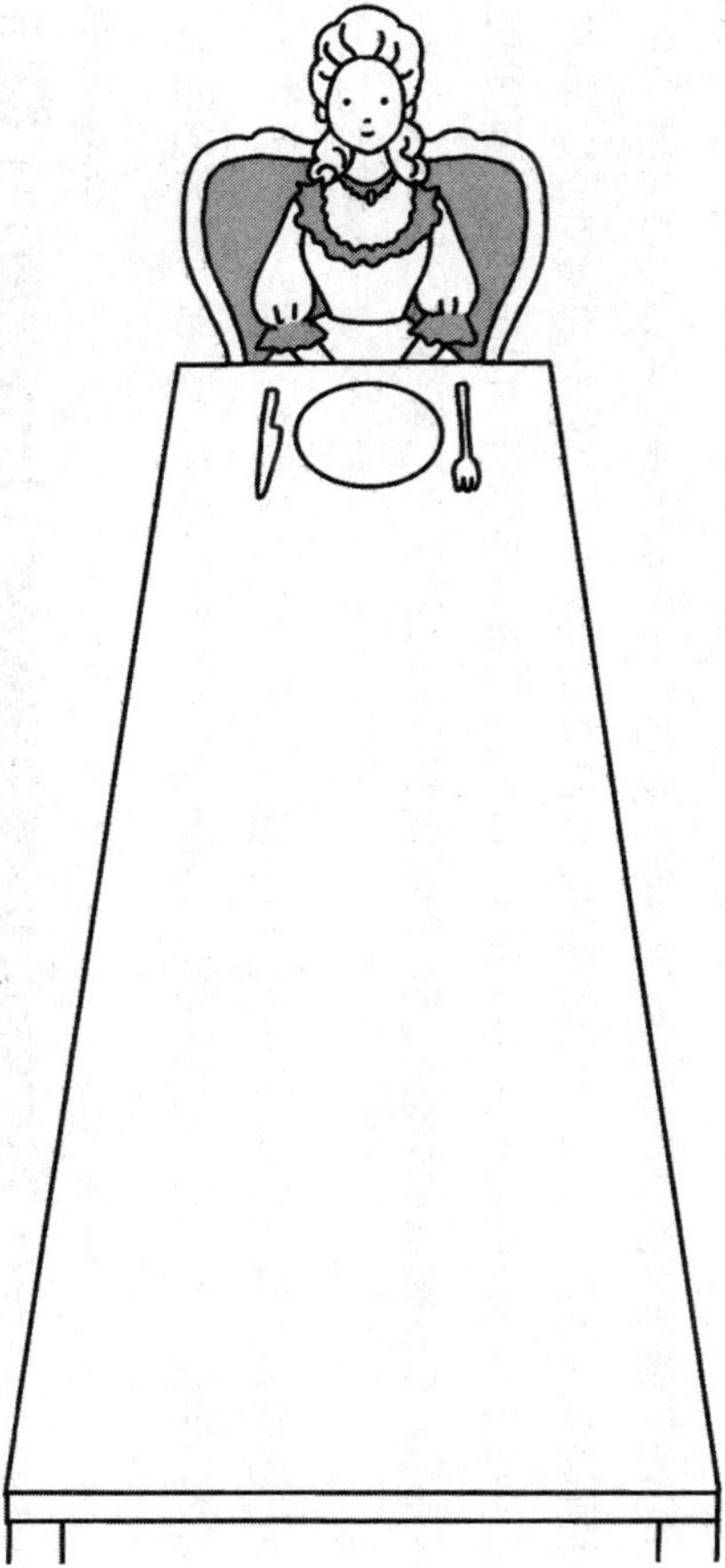

TEST 20

# 診断

## 描いたお皿の数と位置で、あなたが「必要としている友達の数とつきあい方」がわかります

お皿の数は、あなたが必要としている友達の数を表しています。お皿の数が少ない人は、友達の数も少なくていいと思っている人。多い人はたくさんの友達がほしい人です。

また、お皿の位置は、あなたが求める友達との理想的な距離を示しています。自分の席に近いところにお皿を描いた人は、プライベートなことでも何でも話せる親しい友達を求めている人。離れたところに置いた人は、たとえ友達同士でも、あまりプライベートなことに踏み込みすぎず、適度な距離を置いてつきあいたい人です。

【回答例】

### 真向かいにひとつのお皿

お皿を1枚だけ、向かい側の席に描いた人は、お互いに感情的にならず、冷静に深いところまで話のできる友達を求めています。プライベートなことにはあまり干渉されたくないし、自分も干渉したくないといった、大人のつきあいを望んでいます。

### 近くにひとつか、ふたつのお皿

あまり多くの人とのつきあいは望まず、何でも話せて気持ちの通じあう親友がひとりか、ふたりいればいいと思っています。

### テーブルにほぼ均等に何枚かのお皿

テーブルを囲むようにしてお皿を並べた人は、仲間同士のつきあいや家族ぐるみのつきあいを望んでいます。

**【解説】** この設問で、長方形のテーブルではどうも居心地が悪く、丸テーブルのほうが落ち着くと感じた人は、仕事の肩書きや社会的な役割などの利害関係にこだわらないタイプ。よりアットホームな人間関係、温かい心の交流が得られるような友人関係を求めています。

# TEST 21

# それぞれの質問に思い浮かべる人は誰？

Q1〜4の質問で、
あなたなら、誰のことを思い浮かべますか？
それぞれ知り合いの中から選んでください。

## Q1

あなたは、扉の内側に立っています。扉を開けると、そこに立っていた人は、あなたの知り合いの誰ですか？

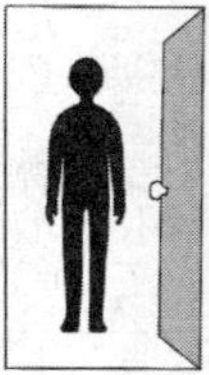

## Q2

階段の上のステージに誰かが立っています。あなたが見上げているその人は、あなたの知り合いの誰ですか？

## Q3

あなたの左斜め後ろに人が立っています。その姿は陰になってハッキリ見えません。それはあなたの知り合いの誰ですか？

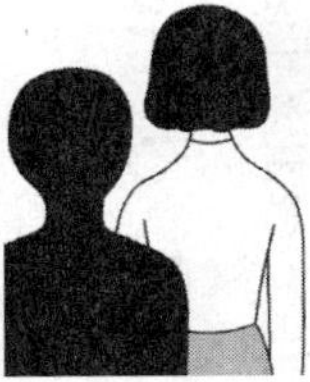

## Q4

あなたは誰かと一緒にジェットコースターに乗っています。それはあなたの知り合いの誰ですか？

TEST 21

## 診断

# 思い浮かべた人物は、「あなたが気になっている人」です

誰を思い浮かべたか…その答えには次のようなあなたの気持ちが表れています。

### Q1 扉の向こうに立っているのは「今いちばん必要としている人」

扉の向こうに立っている人は、「あなたが待ちわびている人」を表しています。つまり、その人物はあなたにいい知らせをもたらしてくれる人なのです。あなたを安心させ、温かい気持ちにさせてくれると同時に、いつも変わらない支援と励ましを与えてくれるはずの人です。

### Q2 階段の上に立っているのは「あなたが憧れている人」

あなたが見上げている人物は、あなたがひそかに憧れていたり、尊敬の念を抱いている人です。心理的に相手を上と感じる場合、私たちは無意識にも相手

を見上げるような目線になりやすく、また相手を自分より下と見なした場合には、見下げるような目線になりやすいものです。ですから、「あなたが階段の上から見下ろしている人物は？」という問いで誰かを思い浮かべたならば、それはふだん、あなたが自分よりちょっと下に見ている人ということになります。

## Q3 見えない位置に立っているのは「あなたが不信感を抱いている人」

自分からは見えないのに、相手からは見られる位置にいるというのは、居心地のいいものではありません。あなたはその人を苦手とし、警戒しているところがあるようです。

## Q4 隣に座っているのは「あなたが深い関係になりたいと望んでいる人」

興奮する乗り物であるジェットコースターに一緒に乗るということは、その人物とエキサイティングな時間を共有したいということを意味しています。思い浮かべたのは、あなたがHしたいと思っている人かもしれません。

TEST 22

# 別荘の中で いちばんくつろげる部屋は?

あなたは静かな山の中に別荘を持っています。いつも週末をその別荘で過ごすあなたにとって、いちばんくつろげる部屋はどこですか?

**A** 夜空の見える屋根裏部屋

**B** 花を飾った出窓のある部屋

**C** 暖かい暖炉のある部屋

TEST 22

# 診断

## どの部屋を選んだかで、あなたの「人づきあいのクセ」がわかります

山の中の別荘は、あなたが孤独を味わう場所です。選んだ答えから、あなたが孤独をどうとらえているか、さらにコミュニケーションの傾向も読み取れます。

### A を選んだ人　人づきあいは苦手。自分から距離を縮めにくい

あなたは孤独を愛する人。人と一緒にいるよりも、多少の寂しさを感じても、ひとりでいるほうが気楽なタイプです。たまに気が合いそうだなと思う人がいても、自分から声をかけられず、親しくなるまでに時間がかかりそう。プレゼントを用意していても、つい渡しそびれてしまうことも。自分の気持ちを表現することに臆病な面があるのかもしれません。

### B を選んだ人　人に好かれたいのに自然にふるまえない

あなたは孤独を恐れる人。ひとりでいるとすぐに寂しくなり、誰か話し相手がいないと耐えられなくなるタイプです。人から関心を持たれたい、好かれたいという気持ちが強いため、チャーミングな自分をアピールしながら人に近づこうとしてしまいがち。それが、人前で自然にふるまえないぎこちなさにつながります。また、親しくなった相手のプライバシーへの関心が強く、相手が踏み込まれたくない部分にまで触れてしまうことがありそうです。

## C を選んだ人　気をつかうのもつかわれるのも苦手

あなたは孤独をあまり感じない人。人から干渉されるのが嫌いで、ひとりでいても寂しさは感じず、単独行動もわりあい平気なタイプです。気をつかわれたくないと思っているぶん、自分も人に対してあまり気をつかわないところがあり、人づきあいの面では不器用でぶっきらぼうな感じになりがち。思いやりに欠けるわけではないのですが、相手を喜ばせるポジティブな感情表現が苦手のようです。

TEST 23

# 人の形をしたクッキー、どこから食べる？

人間の形をリアルに模したクッキーがあります。
あなたは、このクッキーを
どこから食べることにしますか？

**A** 頭から食べる。

**B** 手の先から食べる。

**C** 足から食べる。

**D** 真ん中から割って、胴体から食べる。

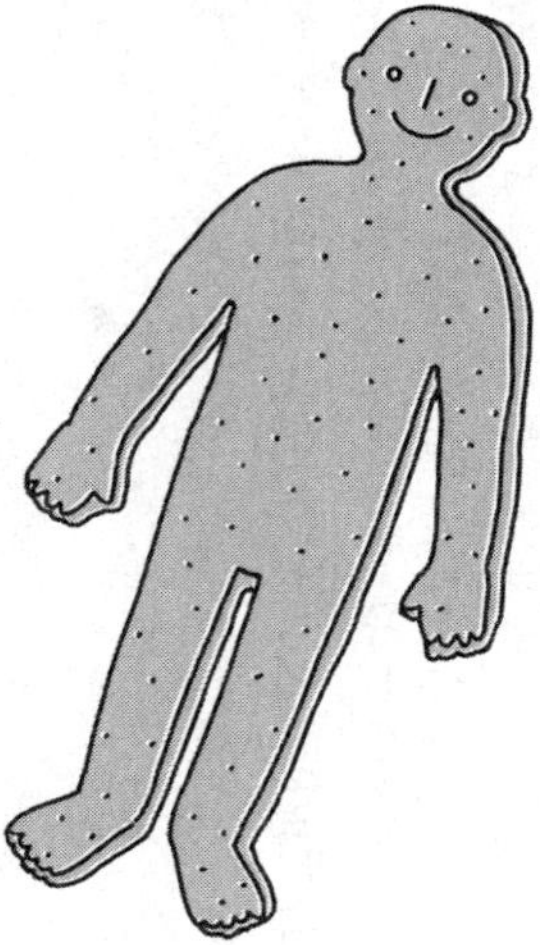

TEST 23

# 診断

## どこから食べるかで、あなたが「どれだけ人に気をつかっているか」がわかります

気をつかうのは相手に人格があるからで、たいてい人は相手の顔を見て人格を意識します。顔から遠いところから食べはじめた人ほど、気をつかうようです。

**A を選んだ人　人に気をつかわない**

ふだん周りの人にあまり気をつかっていない人です。他人に気をつかってばかりいたら生きていけないと思っているのかも。人前で気おくれしそうになったときは、かえってあつかましく、好き勝手にふるまうことがありそうです。

**B を選んだ人　人のことを気にしやすい**

周りの人に対してこまやかな神経をつかっている人です。「気をつかう」というよりむしろ「気にしやすい」タイプといえるかもしれません。あなたには、

誰かに言われたことをいつまでもくよくよと引きずってしまい、ひとりで傷ついているような面がありそうです。

## C を選んだ人　常に人に気をつかう

周りの人に対して、常に気をつかって生きている人です。相手を不快にさせないよう、喜んでもらえるようにとあれこれ考え、実際、気配り上手な人と評価されることも。反対に、考えすぎて気のつかい方が間違っていたり、的はずれでおせっかいだと思われる場合もありそうです。

## D を選んだ人　あえて気をつかわない

周りの人に対して、あえて気をつかわないようにふるまうタイプです。いろいろ気になることはあるけれど、気をつかっている自分に疲れてしまい、こんなことならあまり気をつかいたくないと思っています。でもやっぱり、気をつかわないではいられないかも。

TEST 24

# ミーティングの席でどんな発言をする?

左の絵は会社や学校でのミーティングの場面で、
あなたも参加しています。
それぞれ好きなことを言っていますが、
どれがあなたの発言、
あるいは心の中で思っていることでしょうか?

A
これで うまくいくと 思いますよ
C
どうしてみんな、 こんなことに熱心 になれるのかな
B
公平に みなさんの意見を お聞きします
F
それよりお茶に しませんか
D
反対。そんなこと 誰が決めた?
E
考えて みなければ わかりません

TEST 24

# 診断

## 何と発言するかで、あなたが「人からどう見られたがっているか」がわかります

誰でも「○○さんてこういう人ね」と見られたいイメージがあるものです。

**A** を選んだ人

**「デキル人」と思われたい！**

自分の価値を認めてほしい気持ちが強く、有能で仕事の「デキル人」と見られることを望んでいます。悪くすると「ただのハッタリ屋」に思われるかも。

**B** を選んだ人

**「正しい人」と思われたい！**

自分に対するこだわりが強く、自分は正しいと周囲に証明したい人。平等で公正な判断を下す人と思われたいよう。悪くすると「文句の多い人」と思われそう。

**C** を選んだ人

**「ユニークな人」と思われたい！**

他人に興味がなく、自分の感情に酔いしれていたい人。繊細で傷つきやすい人と思われたいよう。悪くすると「ただの気まぐれ屋」としか思われないかも。

**D を選んだ人 「大物だ！」と思われたい！**

思い通りに人や物事を動かしたい人。将来人の上に立つ人間になり、大物と思われたいようです。悪くすると単に「態度のデカい人」と思われるだけ。

**E を選んだ人 「頭のいい人」と思われたい！**

知的で有能でありたい気持ちが強く、冷静に物事を判断する人。頭のいい人、思慮深い人と思われたいよう。悪くすると「屁理屈の多い人」と思われそう。

**F を選んだ人 「いい人」と思われたい！**

人を喜ばせたい気持ちの強い人。人に何かをしてあげ、感謝されて「いい人」と思われたいようです。悪くすると「ただのおせっかい」と思われるかも。

# TEST 25

# あなたが入っているのはどんな箱？

箱の中に入っている自分をイメージしてください。
さて、その箱はどんな箱ですか？
箱の大きさや、中の様子などを思い浮かべながら、
次の質問に答えてください。

**Q1**

**入っている箱の大きさは？**

A　広くてゆったりしている

B　狭くも広くもない程度

C　狭くて窮屈

**Q2**

**その箱に窓はありますか？**

A　はい

B　いいえ

**Q3**

**あなたはその箱から出たり入ったりできますか？**

A　出られない。閉じこめられている。

B　出られるかもしれないけれど出たくない。

C　自由に出たり入ったりできる。

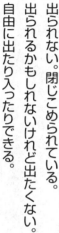

TEST 25

# 診断

## あなたが入っている箱は、あなたの「他人や社会との関わり方」を表しています

あなたがイメージした「箱に入っている私」は、あなたが外の社会との関わりの中で自分をどんなふうに感じているか、あなたの自己感覚を表しています。

### Q1 箱の大きさは、現実社会で生きる自分をどう受け止めているかを示しています

**Aを選んだ人**……自分自身を肯定的にとらえている人。「人は人、自分は自分」と考え、何事にもマイペースで、自分のやりたいようにやっているところがあります。

**Bを選んだ人**……ある程度、自分の欲求やわがままを抑えることで、社会に適応して望ましいポジションを得ようとする人。自分は良識のある人間と思っているようです。

**Cを選んだ人**……自分が自分であることを息苦しく感じている人。現実の社会の中

に自分の居場所を見つけることができず、苦しんでいるのかもしれません。

## Q2 窓は、人とのつながりや気持ちのふれあいを求める場所を表しています

**Aを選んだ人**……人との心のふれあいやコミュニケーションを強く求めています。ただし、窓が開いているか閉まっているかで、他人との関わり方は異なってきます。窓が閉まっている人は、人と関わりたいけれど、自分からはなかなか積極的に心を開いてはいけない人。窓が開いている人はよりオープンに人と関われる人です。

**Bを選んだ人**……自分の世界に引きこもりがち。今のところ他人にはあまり関心がなさそうです。周囲の人とコミュニケーションを図りたいとも思っていないようです。

**【解説】** わたしたちの身体でいえば、ちょうど胸のあたりに、人の気持ちを受け止め自分の気持ちを他人にうまく伝えようとする感情のエネルギーが宿る場所があります。それが「窓」という形で表現されているのです。

## Q3 箱の中でどんな状態でいるのか、また、自由に出入りしているのかから、あなたが内向的か外向的かがわかります

**Aを選んだ人……**あなたは現実社会に出るのを恐れる一方、社会にうまく適応していきたいという気持ちも強いようです。あなたが本来、内向的か外向的かはわかりませんが、今は何か悩みがあり、気持ちが極端に内側に向いているようです。

**Bを選んだ人……**あなたは外の世界や現実社会との関わりよりも、自分自身の内面世界に関心が向かっている人。いわゆる内向的なタイプです。自分が心の中で感じたり考えたりしていることを大切にします。

**Cを選んだ人……**あなたは自分の内面の世界よりも、外の世界の出来事に関心が向かっている人。いわゆる外向的なタイプです。自分の中で感じたり考えたりということよりも、決断と行動を優先します。

**【解説】**箱は外の世界と自分を隔てるもの。箱の外は現実の社会であり、箱の内側は、あなた自身の内面の世界と考えられます。

# 第3章

# 恋愛・結婚編

気になる相性・理想の恋人から
Hの話まで

TEST 26

# 探偵の仕事に絶対に必要なものは？

あなたは大都会の私立探偵。
ある事件の調査に出かけるところですが、
探偵のあなたにとって
なくてはならない必需品があります。
「探偵の仕事にこれだけはどうしても必要！」
というものを
ひとつ選んでください。

**A** 変装道具

**B** 武器

**C** カメラやメモ帳など記録するもの

TEST 26

# 診断

## 探偵の必需品に何を選ぶかで、あなたの「恋人選びの傾向」がわかります

探偵の必需品は、危険にあいながらも謎を解き、事件を解決に導くための道具。それは恋愛も同じ。何を必需品と見るかで、あなたの恋の傾向がわかります。

**A** を選んだ人 **かけひき上手でセンスがいい人をゲット！**

変装道具は自己イメージを変えられるもの。あなたは異性の前では簡単には手に入らない理想の恋人を演じ、高く自分を売ろうとするタイプ。わざと気のないふりをして冷たくあしらったり、思わせぶりな態度をとる恋のかけひきで、相手の気持ちをひきつけようとします。恋の相手には、外見がよく、服装や持ち物のセンスがあか抜けていて、リッチな人を選ぶ傾向があります。

**B** を選んだ人 **危険な相手と激しい恋に落ちたい！**

ピストルは危険な武器。自分の身を守るものであると同時に、人を脅したり攻撃して、致命傷を与えることのできるものです。あなたは、お互いに目と目が合った瞬間から強くひかれあい、出会ったその日に深い関係になってしまうような激しい恋を求めているようです。ひかれるタイプは、アウトロー的な、ちょっとワイルドな感じのする人。または、自分とはまったく価値観の違う世界に住んでいる人を選ぶ傾向もあります。

## C を選んだ人 まずはじっくり観察。友達から恋人へ

証拠を記録するカメラとメモ帳を選んだあなたは、クールに異性を観察している人。たとえ好きな人からでも、あまり積極的にアプローチされると、ひいてしまうところがあるのでは？　はじめは友達づきあいのように淡々とした関係から始まる恋が向いていると感じていることでしょう。共通の趣味や専門分野があり、それを通じて、いろんなことを話し合える人にひかれる傾向があります。

TEST
27

# つきあっている恋人との相性をチェック！

次の①から⑮までの質問に、当てはまると思えば「YES」、当てはまらなければ「NO」、「少し当てはまる」あるいは「どちらともいえない」という場合には「？」で答えてください。全部答え終わったら、採点表で合計点を出してください。

①食べ物の好みはだいたい一致している。
②相手からプレゼントされた物で、自分の趣味には合わず使っていないものがある。
③会うときはいつもふたりきりで、彼（彼女）の友人知人には会ったことがない。
④ふたりの間に生まれてくる子どもを想像すると、かわいいだろうなと思う。
⑤相手から「あなたはそんな人じゃないはずだ」と言われたことがある。
⑥連絡するのはたいてい自分からで、相手からはめったに連絡してこない。

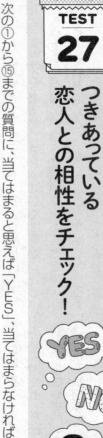

⑦会っていないときには彼（彼女）がどこで何をしているのか、ほとんど知らない。
⑧お互いに待ち合わせ場所や時間を勘違いして、なかなか会えなかったことが何度かある。
⑨「そう言うだろうと思った」「なんでわかったの？」といった会話がよくある。
⑩話題がなければムリしてしゃべらなくても気まずく感じることはない。
⑪冗談のつもりだったのに、彼（彼女）が急に怒り出してしまったことがある。
⑫彼（彼女）は昔の話や家族の話をほとんどしない。
⑬彼（彼女）が使ったタオルを使うことにはまったく抵抗がない。
⑭彼（彼女）が冗談を言ってもあまりおもしろくない。
⑮ふたりの仲を知っていて、応援してくれている共通の友人や仲間がいる。

| | YES | ? | NO |
|---|---|---|---|
| ① | 2 | 1 | 0 |
| ② | 0 | 1 | 2 |
| ③ | 0 | 1 | 2 |
| ④ | 2 | 1 | 0 |
| ⑤ | 0 | 1 | 2 |
| ⑥ | 0 | 1 | 2 |
| ⑦ | 0 | 1 | 2 |
| ⑧ | 0 | 1 | 2 |
| ⑨ | 2 | 1 | 0 |
| ⑩ | 2 | 1 | 0 |
| ⑪ | 0 | 1 | 0 |
| ⑫ | 0 | 1 | 2 |
| ⑬ | 2 | 1 | 0 |
| ⑭ | 0 | 1 | 2 |
| ⑮ | 2 | 1 | 0 |
| 計 | | | |
| 合計 | | | 点 |

TEST 27

# 診断

## このテストでは、「今つきあっている恋人との相性」がわかります

今まさにつきあっているふたり。あなたと恋人はうまくいきそうでしょうか？

### 24点以上の人　相性は最高！　きっと長続きするはず

抜群に相性のいいカップル。お互いに相手を信頼し、誠実につきあっていけるでしょう。長続きする関係で、恋愛から結婚へと発展していく可能性大。きっと幸せになれるはずです。

### 16〜23点の人　相性はまずまず。前向きな姿勢がよい結果を

ふたりはまあまあ相性のいいカップル。多少、誤解やすれ違いがあっても、お互いに前向きに関われば、必ずわかりあえるでしょう。いい関係を続けるための努力をすれば、結婚しても幸せになれそうです。

## 8〜15点の人　相性はイマイチ。長続きは難しそう

あまり相性のよくないカップル。性格的に合わない面や価値観の違いがあるのかもしれません。すれ違いが蓄積されていくと、Hの面でもうまくいかなくなることが。ふたりの関係はそれほど長続きしないかも。

## 7点以下の人　相性は最悪。破局はもう目の前かも!?

残念ながら、ふたりの相性は最悪。お互いに理解しあえる部分が少なく、違和感を覚えることが多いのでは？　だからこそひかれあう面があるのかもしれませんが、ふたりの関係は結婚向きではなさそうです。

【解説】男女の相性は、同じような価値観を持ち、生まれ育った環境や文化、教養の程度が似ているほうがうまくいくといわれています。それは「長続きのする相性」ということで、ここで診断したのもそれ。一時の情熱的な恋愛であれば、相性はよくなくても、かえってそのほうが燃え上がるということもあるでしょう。

TEST 28

# 釣りをしているあなた。どんな魚が釣れる？

あなたは海で釣りをしているところです。
次のQ1～Q4の質問に答えてください。

## Q1 狙った魚を釣るためには何がいちばん大事？

A　エサ。エサがよければ魚は釣れると思う。

B　釣りの腕前。上手な人ほど釣れると思う。

C　場所。場所がよければ釣れると思う。

**Q2**

**近くで釣っている人はおもしろいように釣れているのに、あなたはぜんぜん釣れません。どうしますか？**

A　魚を集めるためエサをまいてみる。

B　どこか他の場所に移動する。

C　釣れるまでのんびり待つ。

**Q3**

**あなたの釣り竿の浮きがピョコピョコ沈みはじめました。その手ごたえはどんな感じ？**

A　ツンツンとエサを突っついているような感じ。

B　釣り糸がスーッと引っ張られていく感じ。

C　強い力で竿ごとググッと引き込まれそうな感じ。

**Q4**

**実際に釣れたのは何だった？**

A　おいしそうな魚

B　食べられそうにない魚

C　ヌルヌルしたタコ

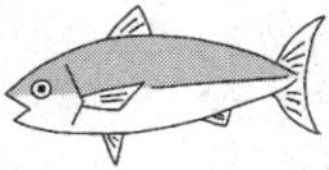

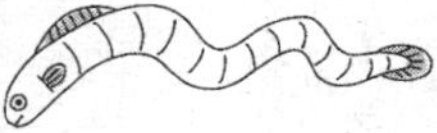

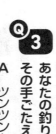

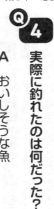

TEST 28

# 診断

## このテストでは、あなたの「Hに対する関心度」がわかります

釣り人は、まさしく異性をゲットしようとしているあなた。釣りをしているときの態度などから、あなたの恋愛行動やHに対する期待感がわかります。

### Q1 狙った魚を釣るための条件は、恋人をおとすときの条件を意味します。

**Aを選んだ人**……魅力があれば、異性にモテるのは当然という価値観の持ち主。そして、自分にはその魅力があると思っています。

**Bを選んだ人**……異性の期待に沿うことこそ、いちばん大切と考えるタイプ。自分を磨かなければモテないと思い、異性に好感を持たれるおしゃれやメイクを心がけています。

**Cを選んだ人**……出会いのチャンスこそ、いちばん大切と考えるタイプ。どこかに必ず結ばれる人がいるという運命の赤い糸を信じているようです。

## Q2 釣りをしているときの態度から、あなたが浮気性かどうかがわかります。

**Aを選んだ人**……つきあっている間は、恋人に夢中でほかの異性は目に入りませんが、別れたあとはそれほど未練を残さず、すぐに次の恋人を見つけることのできる人です。

**Bを選んだ人**……たとえ恋人がいても、ほかの恋人に目移りしやすい人。魅力的と感じる人がいれば、あの人のほうがいいかな、つきあってみたいなと思う浮気性です。

**Cを選んだ人**……誰かを好きになれば、ずっとその人のことを思いつづける人。相手と一体化したような気持ちになり、たとえ相手が浮気しても帰ってくるまでじっと待ちつづけるタイプです。

## Q3 浮きの動きをどう感じるかは、あなたがHで快感と感じる生理感覚を表しています。

**Aを選んだ人**……Hは恥ずかしいものと感じているあなた。あからさまで開けっぴろげなHはかえって興ざめ。むしろ想像力を働かせながらのひとりHに快感を感じるタイプかも。

**Bを選んだ人**……恋人と愛を語り合いながらのロマンチックなHを期待している人。でも、実際の体験ではこんなものかと思う程度で、特に大きな期待も失望もないようです。

**Cを選んだ人**……人一倍Hの快感に対する期待が大きい人。お互いに疲れ果てるまで身体ごとぶつかりあうような、ワイルドで激しいHがお好みのようです。

## Q4 釣れた獲物は恋人かと思いきや、実はそれはあなた自身。自分でも意識していない異性の前でのふるまい方がわかります。

**Aを選んだ人**……異性の前では無意識に「自分はおいしい魚よ」という態度をとり、

フェロモンをまき散らしていそう。周りの異性からはH好きと見られているかもしれません。

**Bを選んだ人**……もしかしたら、自分はHで何も感じないタイプかもと思っていませんか。Hでは、ちょっと変態っぽいプレイに興味がありそう。周りの異性からはH嫌いと見られているかもしれません。

**Cを選んだ人**……まじめそうな顔をしていながら、実はすごくH好きの自分を自覚しているのでは？　周りの異性からは「むっつりスケベ」と思われているかもしれません。

**【解説】**Hの相性はお互いの食べ物の好みや食べ方などでわかります。というのは、Hも食べ物も生理的な感覚が大きく影響するからです。ですから、知り合ったばかりのカップルは、何度か一緒に食事をすることで、お互いに食べ物の好みが合うか、相手の食べ方に違和感がないかといったことを、無意識にチェックしているともいえるわけです。どうも食べ物の好みが合わない、相手の食べ方を下品だと思ったり、不快に思うことがあれば、Hの相性はあまりよくないかもしれません。

TEST 29

# しおれた花にどんな言葉をかける？

大切にしていた鉢植えの花がしおれてしまいました。
その花に向かって、何か言葉をかけるとしたら、
それはどんな言葉でしょうか。
また、言葉をかけたあと、
あなたはその花をどうしたでしょうか。

**A** 「どうして枯れちゃったのかな？」と言いながら、しばらくそのままにしておく。

**B** 「ごめん。今すぐお水あげるから」と言いながら世話を焼く。

**C** 「枯れちゃった……。仕方がないね」と言いながら、捨ててしまう。あるいはほかの鉢植えと置きかえる。

TEST 29

# 診断

## しおれた花にかける言葉で、あなたが「期待ハズレのHのあとにとる態度」がわかります

しおれた花にかける言葉は、あなたを満足させてくれなかった恋人に対してあなたが思うこと。その花をどうするかはあなたの無意識の態度を示しています。

### A を選んだ人 やや思いやりに欠けるけど冷静に対応

あなたはあまり戸惑うことなく冷静に対応できる人のようです。相手に対する思いやりには少し欠けるところがあるかもしれませんが、あまり相手を傷つけるようなことにもならないでしょう。また、そのことがすぐにふたりの関係に影響するということもなさそうです。

### B を選んだ人 過剰な気づかいとサービスが相手を追い込む

あなたは相手の気持ちを傷つけないよう、思いやりと奉仕の精神をもって尽

くすことのできる人のようです。落ち込み気味の相手を見て、ますます尽くしたくなるでしょう。でも、あなたの気づかいと過剰なサービスがかえって相手の自信を失わせ、気持ちを萎《な》えさせることになるかもしれません。

## C を選んだ人　露骨に態度に出して相手を傷つける

あなたは相手の前で失望感を隠すことができず、露骨にがっかりしたという気持ちを表に出してしまいそうな人です。たとえ、言葉には出さなくても、それは相手に伝わり、傷つけてしまいそう。あなたの本音は「もっと上手な人に乗りかえたい」というところかもしれません。

**【解説】**このテストでは答えは3択式になっていますが、自由回答にするともっといろんな答えが返ってくるでしょう。仲間同士で集まったときなど、みんなに「どんな言葉をかける？」と聞いてみては？　思わぬ本音がとび出して盛り上がるはずです。

TEST
30

# あなたが盗み出す宝物は何？

世界の秘宝展に、
ある貴重な宝物が展示されています。
それを知ったあなたは怪盗Xとなって
宝物を盗み出すことにしました。
あなたが狙っている宝物とは、いったい何でしょう？

**A** 200カラットのダイヤモンド

**B** 寺院に安置されていたありがたい仏像

**C** 有名な画家が描いた油絵

**D** 古代遺跡から発掘された貴重な古文書

TEST 30

# 診断

## どの宝物を盗み出すかで、あなたの「失恋からの立ち直り方」がわかります

選んだ宝物は、あなたが心の中で大切に思っているものを象徴しています。それは、失恋したときのあなたの態度にも大きく影響を及ぼしているものです。

### A を選んだ人　速攻で立ち直り、ワンランクアップの恋をめざす

ダイヤモンドは「価値」の象徴です。あなたは「自分は価値ある人間だ」という誇りを持っている人。失恋しても心の切り替えが早く、「自分を愛さなかった相手に見る目がなかったんだ」と納得し、相手を見返してやるため今度はもっといい男（女）を探し、ワンランク上の恋をしようとします。

### B を選んだ人　相手を恨まず憎まず、ヨリが戻るのをじっと待つ

仏像は「内面の平和」の象徴。別れたあとも相手を恨まず、心のどこかでま

だつながっているように感じるタイプ。相手が戻ってきてくれるのではと淡い期待を抱きながら、10年後もまだその人のことを思っていたりするのです。

## C を選んだ人　奈落の底まで落ちたあと、美化して心をなぐさめる

油絵は「激しい感情」を象徴しています。失恋するとあなたは深く落ち込み、絶望的な気持ちになるでしょう。捨てられた自分を哀れみ、嘆き悲しみ、そのあげく、自分のカラに引きこもってしまうかも。でも、実らなかった恋は次第に美化され、思い出の中に美しく生きつづけることでしょう。

## D を選んだ人　いつまでもひきずり、ストーカーになる恐れも!?

古文書は「過去へのこだわり」を象徴しています。あなたは自分を捨てた相手のことを恨んだり憎んだりするでしょう。と同時に、相手に対する執着心を持ちつづけ、いつまでも忘れることができません。相手に手紙やメールを送ってみたり、ストーカー的な行為に出てしまうかもしれません。

TEST
31

# 道案内役にするなら どの動物?

森の中で道に迷っているとき、
動物たちに出会いました。
道案内を頼むとしたら、
どの動物に頼みますか?

**A** 子ザル

**B** ヤマネコ

**C** ウサギ

**D** クマ

TEST 31

## 診断

### 選んだ動物から、あなたの「理想の結婚生活」がわかります

どの動物を道案内に選んだかで、あなたが望む理想の結婚生活が見えてきます。

### A を選んだ人 家庭に縛られるのはイヤ！ 独身感覚

子ザルはいたずら者で、好奇心のおもむくままに行動します。子ザルに道案内を頼んだあなたは、結婚してもあまり家庭に束縛されず、独身時代と同じように旅行やレジャー優先の生き方をしようとするでしょう。結婚相手だけではなく、異性の友人とも自由につきあえるような結婚生活を望んでいるようです。

### B を選んだ人 お互い干渉しあわずプライベート重視

ヤマネコは群れを作らず、単独行動をとる動物。あなたは、結婚してもあまり所帯じみた生活はせず、自分の好きな仕事や趣味の時間を大切にするでしょ

う。結婚相手とは、ふだんはあまり干渉しあわないけれど、記念日や休暇は素敵なホテルで過ごすような、メリハリのある生活を望んでいるようです。

## Cを選んだ人 良き妻、良き夫となり、安定した生活を望む

ウサギは安全な場所でなければビクビクしてしまう、神経質な動物。ウサギに道案内を頼んだあなたは、家族の幸せをいちばんに考え、妻は妻としての役割を果たし、夫は夫としての役割をきちんと果たすような、家庭第一の結婚生活を送るでしょう。経済的に安定した堅実な家庭を求めているようです。

## Dを選んだ人 アットホームでのんびりムードの家庭を

クマは十分な食べ物とねぐらがあり、自分のテリトリーをおかされなければ凶暴にはならない動物。あなたは、アットホームで温かくリラックスできる結婚生活を送ろうとするでしょう。家の中では、ふだん着でゆったり過ごせるのがいちばん。結婚相手や周囲の人とも自然体のつきあいを求めているようです。

TEST
32

# どのアイスクリームが食べたい？

恋人と一緒にやってみて

４種類のアイスクリームがあります。
どれを食べたいですか？
それぞれ、自分が食べたいアイスを選んでください。

**A** イチゴ&バニラ&チョコなど種類の違う三色アイス

**B** オーソドックスなバニラのソフトクリーム

**C** ラムレーズンやチョコチップの入ったアイス

**D** オレンジやレモン味のシャーベット

TEST 32

# 診断

## 選んだアイスで、ふたりの**「今の恋愛に対する気持ち」**がわかります

どの味のアイスクリームを選ぶかで、あなたと恋人が、今の恋愛をどう思っているかがわかります。

**A を選んだ人** **浮気性の可能性アリ。お互い本命とは限らない!?**

ひとつの味に決められず、何種類かを同時に食べたいという人は、あれもこれも欲しがる浮気性の人。今のデート相手（つまり、自分たち）が本命かどうかもわかりません。まだ、もっとほかにいい人がいるのではと、移り気なところがあるようです。

**B を選んだ人** **つきあうなら真剣。このままいけば結婚もあり!?**

今の関係をまじめに考えているようです。つきあっている以上、責任がある

と考え、うまくいけば結婚してもいいのではないかと思っている様子。そのうち、友達や親にも紹介したいと思っているようです。

### Cを選んだ人　愛や恋の前に、とにかくHがしたい！

こってりした味のアイスを選んだ人は、この相手とHをしたいという気持ちがとても強いようです。つまり、相手のセクシュアルな部分にひかれているわけで、デートの目的はHすることかも。

### Dを選んだ人　いつでも一緒のラブラブモードが苦手

あっさり柑橘系のシャーベットを選んだ恋人は、まだまだ友達気分で相手に対する気持ちも淡泊なようです。デートの帰りにすんなり「じゃあね」と別れても、そんなに未練はなさそう。あまりベッタリくっつきたくないのかも。

**【解説】** 味の好みは、Hの相性とも関係があります。お互いにこってりした味を好む人は激しいHが好き、淡泊な味を好む人は淡泊な関係のほうがラクだと感じているようです。

TEST 33

# あなたのバスタイムはどんな感じ？

1日の終わりのバスタイム。
あなたは日頃、どのようにお風呂に入っていますか？
あなたの入浴スタイルに近いものをひとつ選んでください。

**A** シャワーだけですますことが多い。

**B** ぬるめのお湯に長時間つかっている。

**C** 熱いお湯にサッとつかって、サッと出る。

**D** お湯につかるより、髪や身体を洗う時間が長い。

TEST 33

# 診断

## バスタイムの過ごし方から、あなたの「恋愛がうまくいかない原因」がわかります

お風呂場は自分を裸にできる場所。愛についての欲求や恐れなど心の奥底にある愛の深層心理がわかり、そこから恋愛がうまくいかない原因が診断できます。

### A を選んだ人 恋愛臆病タイプ

あなたは愛されたい気持ちが強い一方、愛する人に心を開けない面がありそう。相手に近づきすぎると支配されるのではないかという恐れや、本当の自分を知られると幻滅されるのではないかという不安があるのでは？　愛を深めるためには、自分から心を開き、相手の胸に飛び込んでいく勇気が必要です。

### B を選んだ人 恋愛ルーズタイプ

あなたは愛する人と身も心もひとつに結びつきたいという欲求が強く、それ

こそが愛だと信じているようです。でも、セクシャルな関係さえあれば愛しあっているような錯覚に陥ったり、惰性でつきあうことも。愛には葛藤《かっとう》がつきもの。葛藤を避けずに、お互いの気持ちを確かめあっていくことも必要です。

## Cを選んだ人　恋愛実利タイプ

あなたは恋愛に割り切った考えを持ち、人生にメリットになる関係を望んでいます。ロマンチックな感情だけではやっていけないと考え、相手に将来性や経済力を求めます。でもそれだけで異性を判断すると、本当の愛を知らずに終わるかも。

## Dを選んだ人　恋愛潔癖症タイプ

あなたはかなり潔癖症の人。純粋でプラトニックな愛を求めています。Hに対して不潔感や罪悪感を覚えることがあるのでは？　でも、心の奥底には「相手に頼りたい」という依存的な面があり、見捨てられることへの不安が大きいよう。まずは自分を信じること。そして、恋を楽しむ余裕を持ちましょう。

TEST 34

# 合コンで感じた不満とは？

次ページのイラストは合コンの一場面です。
なぜかひとりの女性だけ不満がある様子。
彼女は何が不満なのでしょうか？

**A**
この店、うるさくて落ち着かない。

**B**
もっと大勢来ると聞いていたのに、集まったのはこのメンバーだけ？

**C**
話がぜんぜんはずまなくて、つまんない。

TEST 34

# 診断

## 合コンで感じた不満から、あなたが「浮気性かどうか」がわかります

同じ状況でも、どんなことに注意が向き、気をとられるかは人によって違います。そこから結婚生活で重視するものがわかり、浮気度も診断できます。

### A を選んだ人 浮気の可能性はほとんどなし

あなたは結婚すると、まず家庭やパートナーとの絆を大切に考える人。温かい家庭に対する憧れが強く、一度築き上げた家族との関係を維持することに心を砕くタイプです。女性の場合は専業主婦でいるのが快適で、家事・育児をきちんとこなすことに充実感を覚えます。男性ならマイホーム主義を掲げ、休日は家族サービスに力を入れるでしょう。主夫になってもいいと思うかも。それゆえ、このタイプの人はパートナー以外の誰かに目移りすることは少なく、ほとんど浮気の可能性はなさそうです。

## B を選んだ人　異性と知り合う機会は多いけど深入りはなさそう

あなたは結婚しても、家族やパートナーだけを見て暮らすことには息苦しさを感じる人。それまでの仲間との変わらぬつきあいを望み、子どもができたら、地域活動や社会活動などにも積極的に参加したいタイプです。家にじっとしていたり、家族だけで過ごすより、いろいろな人と出会うことが好きなため、同性・異性どちらとも接する機会がありそう。そのため、新たに出会った人に浮気心を抱くこともありそうですが、あくまで浮気は浮気。本気になることはなく、安全なところでおしまいにしそうです。

## C を選んだ人　安定が倦怠感につながりやすく浮気する可能性大

あなたは結婚しても、結婚生活とは別に、何か打ち込める趣味や活動を持っていたい人。もともと、いろんな人とのつきあいよりも相手が同性であれ異性であれ、自分が興味を持った人と有意義で濃密な時間を過ごしたいタイプです。

また、常に刺激や新鮮さを求める傾向があり、結婚生活が安定すると、それが倦怠感につながりやすい一面もあります。そうなるとより刺激の強い関係を求めて、浮気心が生じることに。さらに、このタイプは恋の感情が盛り上がりやすいため、浮気が本気になる危険性がありそうです。

# 第4章

# 仕事編

隠れた才能からあなたに
ピッタリの仕事を見つけ出す

# TEST 35

# あなたが座りたい椅子はどのタイプ？

部屋の中に、
タイプのちがう5つの椅子があります。
あなたが座ってみたいと思うのは、
どの椅子ですか？

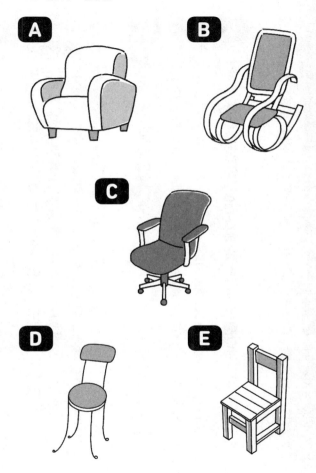

A

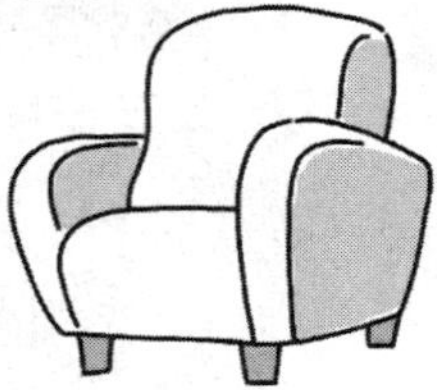

B

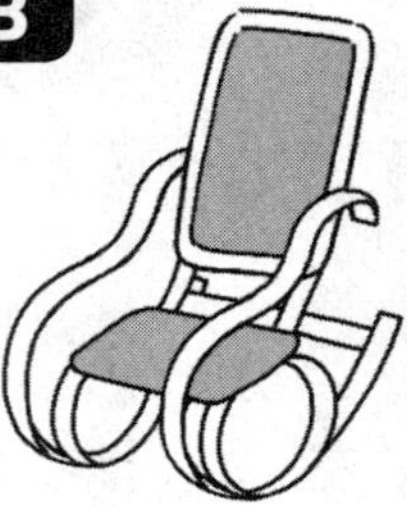

C

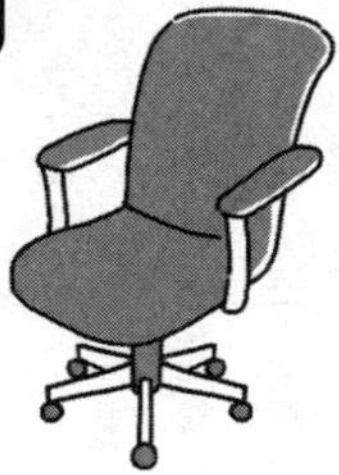

D

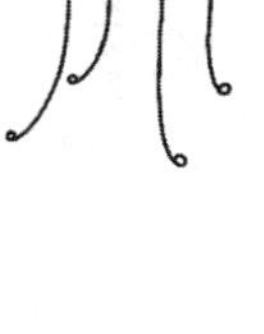

E

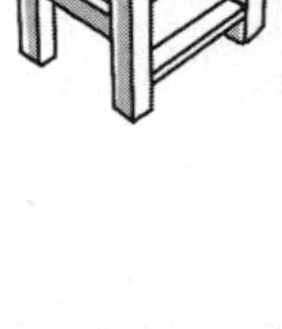

TEST 35
# 診断

## どの椅子に座りたいかで、あなたの「仕事に対する価値観」がわかります

座りたい椅子は、あなたの仕事に対する価値観と、あなたがこの社会で得たいと思っているポジションを表しています。

### A を選んだ人
### 独立志向の強いタイプ

あなたは人の上に立ち、人を動かすような仕事をしたい人。独立独歩で人生を切り開いていくタイプです。また、お金に大きな価値を置いています。

### B を選んだ人
### 仕事は生活費を稼ぐ手段と考える割り切りタイプ

あなたはお金や生活のために働くのが嫌な人。働かずに趣味や人生を味わうことに時間やお金を費やしたいタイプ。それでも現実には食べていかなければならないので、誰かに養ってもらうか、割り切って淡々と仕事をするでしょう。

**C を選んだ人 仕事で認められたいワーカホリックタイプ**

あなたは仕事での成功を求める人。キャリアや実績が認められ、評価されることを望み、どんな努力も惜しみません。地位や肩書きにこだわり、仕事中心の人生になりやすい傾向が。ワーカホリックになりやすいタイプです。

**D を選んだ人 仕事も遊びの延長！楽しく働きたいタイプ**

あなたは仕事より遊び優先の人。「遊びの延長が仕事」が理想です。ひとつの仕事にはこだわらず、新しいことを始めるバイタリティにもあふれています。

**E を選んだ人 安定した仕事で安定した人生を歩むタイプ**

あなたは着実な仕事人生を歩む人。資格や経験を生かし、仕事の基礎を固めながら、信頼されるポジションを築いていこうとするでしょう。あまり派手な展開はないかもしれませんが、安定した末広がりの仕事人生となりそうです。

TEST 36

# 5種類のコインから3枚を選んでください

100円玉、50円玉、10円玉、5円玉、1円玉と
5枚のコインがあります。
コインを使ったゲームをするために、
この中からコインを3枚、直感で選んでください。

あなたが選んだコインは、
A～Dのどのパターンに当てはまりますか？

**A**
選んだコインには
100円玉と50円玉が入っている。

**B**
選んだコインには
50円玉は入っているが、100円玉は入っていない。

**C**
選んだコインには
100円玉は入っているが、50円玉は入っていない。

**D**
選んだコインには
100円玉も50円玉も入っていない。

TEST 36

# 診断

## どのコインを選んだか、また選ばなかったかで、あなたの「野心の大きさ」がわかります

「ゲームに使う」という目的で選んだコインですが、何気なく選びとったコインの種類に、実はあなたの野心が隠されているのです。

## A を選んだ人 「勝ち組になりたい！」かなりの野心家

迷わず金額の大きなコインを選んだあなたは、人生の勝ち組になりたいと思っている人です。「出る杭は打たれる」というけれど、「出すぎた杭は打たれない」というのがあなたの信条。自分の能力を最大限に発揮して、求める地位や名声、経済力を得ようとします。

## B を選んだ人 地位にともなうリスクを恐れ、上に行けない

あなたは、成功したいという意欲はあるものの、人生の勝ち組になることで

背負うリスクを恐れて、周囲の人に合わせようとする人です。「出る杭は打たれる」と思っているので、能力があってもないフリをしますが、「先生」と呼ばれる立場に立つのは好きなようです。

## C を選んだ人　地位や名誉よりも道を極めたい達人

あなたは、いわゆる「その道の達人」になろうとする人。自分が得意なことに関しては、人より優れていたいと思うものの、他人との競争や勝ち負けにはほとんど関心なし。周りに惑わされずマイペースをつらぬきます。

## D を選んだ人　負け組でよし。人との競争は避けたい

小さな金額のコインばかり選んだあなたは、別に人生の負け組でもいいやと思っている人です。人との競争からは降りていたいし、チャンスがあっても自分の能力を試そうとしないタイプ。そんなあなたは欲がなさすぎるがゆえに、かえって周りから評価される可能性も秘めています。

TEST
37

# 花瓶を壊したと思われたときのセリフは?

美術館で鑑賞していた高価な花瓶が、
あなたの目の前で床に転がり落ち、
音をたてて割れてしまいました。
みんなの目があなたに注がれ、
どうやらあなたが壊したと思われている様子。
あせったあなたは友達にひと言。
さて、何と言ったでしょうか?

**A** どうしよう、弁償させられるかな？

**B** 知らない。私は何もしていない。

**C** こんなところに置いてあるほうが悪い！

TEST 37
# 診断

## 何と言うかで、あなたの「仕事への取り組み方」がわかります

自分が悪者にされそう……。そんなときに出る言葉には、あなたの仕事への取り組み方が如実に表われてしまいます。

A を選んだ人
### 時間はかかるがミスをしない完璧主義者

やるべきことはきちんとやろうとする人です。やりはじめたらコツコツと粘り強く完璧にやろうとし、どんな小さな間違いやミスも見逃しません。結果よりも過程重視で、仕事に時間がかかりがちです。

B を選んだ人
### 実行までに時間がかかる用意周到タイプ

何をやるにも、決断するまでに時間がかかります。考えたり準備をしている時間が長く、なかなか実行に移せません。しかし、やりはじめれば集中力があ

り、深く物事を掘り下げ、クオリティの高い仕事を成し遂げることができます。

## C を選んだ人 「考えるより行動が先」の手際のいいタイプ

やるべきことはサッサと手際よく、効率的にやることができます。考えるよりも行動が先で、「まず、やってみてから考えよう」といったタイプ。過程よりも結果重視のため、仕事が雑になることがあります。

TEST 38

# 親友が大ケガで入院という連絡が来たら？

朝早く友人から
「○○さんが大ケガをして××病院に入院！」
というメールが届きました。
○○さんはあなたの親友で、
昨夜も一緒に遊んだばかり。
メールを受け取ったあなたは、
次にどんな行動をとりますか？

**A**

「たいへん、みんなに知らせなきゃ」と、
急いで友達に連絡した。

**B**

「信じられない、
病院に電話して確かめよう」と、
まず状況を確認した。

**C**

「ゆうべあんなに元気だったのに。
きっとたいしたことない」と、
まず自分を安心させた。

TEST 38

# 診断

## 親友の入院を知ったときの反応で、あなたの「トラブル対処法とストレス解消法」がわかります

緊急事態に対する反応は、あなたがふだん職場や学校で知らずにやっているトラブル対処法にも通じています。また、ストレス解消の仕方もわかります。

### A を選んだ人 大騒ぎして気分を落ち着かせるタイプ

あなたはちょっとでも気がかりなことがあると大騒ぎしてしまう人。トラブルや悩み事があると、「聞いて、聞いて！」と人に話さずにはいられないところがあります。話せばすっきりして気持ちが落ち着き、ようやくその問題に対処できるようになります。ストレス解消には友達とのおしゃべりがいちばん。ストレスがたまったときは、話を聞いてくれる人と会いましょう。

### B を選んだ人 冷静に判断し、合理的に問題解決するタイプ

あなたはめったなことでは取り乱さず、冷静に対処することのできる人。何かトラブルや悩み事に直面すると、まず「問題を解決するにはどうしたらいいか」ということを考え、合理的にその問題を解決していこうとします。日頃は感情を抑制しているので、定期的に息抜きをしてストレスを解消することが必要です。緑の多い公園を散歩するなど、自然の中での癒やしの時間を持つとよいでしょう。

## C を選んだ人　「なんとかなるさ」と放置し、周りに迷惑をかけるタイプ

あなたは何があっても、「まぁ、なんとかなるだろう」と楽天的に構えている人。いわゆるポジティブシンキング。実際に何かトラブルが起こったときでも、「大丈夫、大丈夫」と放置し、あとで自分が困ることになったり、周りの人に迷惑をかけることもありそう。ストレスがあっても自覚しにくいため、かえって身体に出やすいタイプかも。ペットを飼って動物とふれあうなど、日常の中にリラックスタイムをもうけましょう。

# TEST 39

# どちらかを選んで追っ手から逃れろ!

南国のリゾートホテルに泊まっていたあなたは、なぜかギャング団から命を狙われるハメになり、ホテルの部屋からひそかに脱出することに……。無事に生き延びるためには、1~9の各シーンでAとBどちらかの行動を選ぶ必要があります。あなたなら、どちらを選ぶでしょうか?

**シーン1　ホテルの部屋を抜け出すとき、武器として持っていくなら、どっち?**

**A** ナイフ

**B** ピストル

**シーン2** ホテルを脱出し、密林に逃げることにしたあなた。ルートは平坦な回り道と、危険な岩場になった急勾配の近道のふたつ。回り道は近道の倍の時間がかかります。どっちを選ぶ？

**A** 平坦な回り道
**B** 急勾配の近道

**シーン3** 密林の入り口に、オオカミとヒツジを連れた子どもが立っています。子どもは「どっちかを買ってくれたら、ギャングには内緒にしておくよ」と言いました。あなたが買うのはどっち？

**A** ヒツジ
**B** オオカミ

**シーン4** 密林を歩いていると、今度は老人と出会いました。老人は「ワシと一緒に食事をしなければ、ここを通り抜けることはできないよ。肉か芋の好きなほうを取れ」と言いました。あなたが選んだのはどっち？

**A** 芋
**B** 肉

**シーン5** 老人との食事が終わったころ、雨が降り出しました。追っ手から遠くに逃れるために、雨の中をずぶぬれになって行くか、それとも追っ手が近づくのは覚悟の上で雨が小降りになるのを待つか——。さて、どっちを選ぶ？

**A** 雨が小降りになるまで待つ
**B** ずぶぬれになってでも先を急ぐ

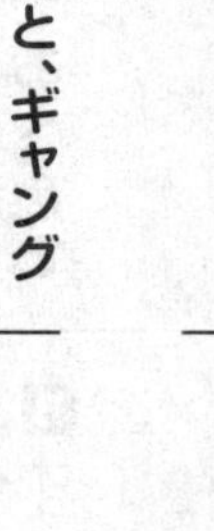

**シーン6** 老人と別れてしばらく行くと、ギャング団のひとりとばったり出くわしてしまいました。あなたのほうが一瞬早く相手に気づいたので、すかさず次のような行動に出ました。それはどんな行動？

**A** 密林の茂みに隠れた
**B** 敵を殴り倒した

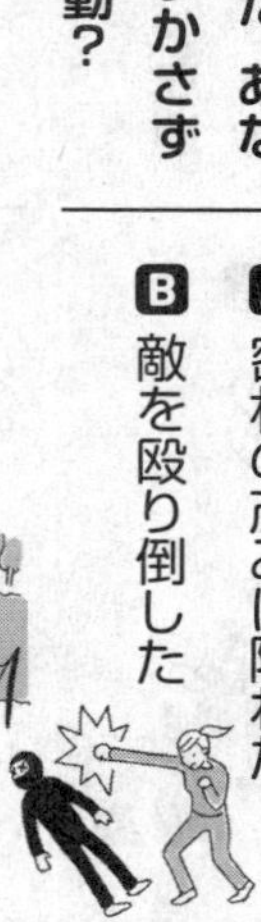

**シーン7** 追っ手から逃れたあなたは、深い谷間にさしかかりました。谷間には、つり橋と丸木橋がかかっています。どちらを渡る？

**A** つり橋
**B** 丸木橋

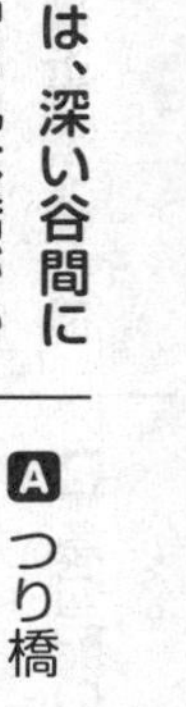

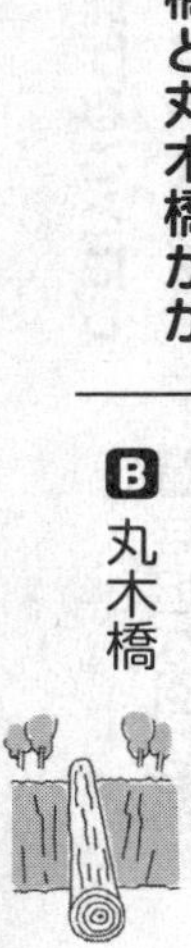

**シーン8** ついに追っ手に追いつかれ、ピストルで肩を撃たれてしまいました。命からがら逃げ延びたあなたの前に、ふたりの男が立ち、「私が助けてあげよう、私の家に来なさい」と言いました。あなたはどうちの人に助けてもらう？

- **A** 修行僧
- **B** 医者

**シーン9** やがて傷も癒えたあなたは、平和な場所だと伝えられているある村に向かうことに。AとBどちらの村をめざす？

- **A** 雪の残る山村への道
- **B** 海に面した漁村への道

| シーン1〜9で、Aをいくつ選びましたか？ |
| --- |
| Aの合計　　　　　個 |

TEST 39

# 診断

## Aをいくつ選んだかで、あなたの「逆境に対する強さとサバイバル能力」がわかります

追いつめられた状況でとっさにとる判断には、その人の逆境に対する強さとサバイバル能力（生き残るための生存本能）が反映されます。

### Aが2個以下の人　逆境に強いサバイバル型人間

あなたはタフで逆境に強いサバイバル人間。立ち直りが早く、どん底からはい上がる強さがあります。しかし、いざ逆境から抜けだし順調な日々が続くと、エネルギーをもてあまし気味になり、自ら再び逆境へと舞い戻るような事態を引き起こす傾向があります。そして、逆境から順境へ、順境から逆境へといったパターンで人生の浮き沈みをくり返すのです。

### Aが3～6個の人　逆境を呪うお調子者人間

あなたは逆境に陥ると、おおいに嘆き落ち込む人。「なぜ自分だけがこんなことに」と神仏を恨んだり、運命を呪ったり、感情的にも卑屈になります。また、もっと不幸な人を見つけて「あの人よりはまし」と自分を慰めます。そのうち状況が変わると、「自分の人生も捨てたものではない」とすぐ調子に乗るのです。

## Aが7個以上の人　逆境を逆境と感じないマイペース型人間

あなたは逆境に陥ってもそれを逆境と感じにくい人。運命にあらがうことなく、ひょうひょうと生きているようです。ふだんはあまりエネルギーを使わず、じわじわと小出しにするようなところがあるので、人一倍持続力がありそう。こういう人こそ、長い目で見れば自分は傷を負わずに、ふてぶてしく最後まで生き残ることができるのかもしれません。

**【解説】** シーン1～9のすべてで、Aは「長い目で見れば役立ちそう」、Bは「その場で効果的」なものになっています。そのためAが少ない人は、刺激に反応して行動に移すのが早い人。瞬発力があり好戦的、チャレンジ精神旺盛な短期決戦型といえます。

TEST
40

# 将来、あなたはどんな家に住みたい？

将来、あなたが住みたいと思うのは
どんな家でしょうか？
A～Fの中から選んでください。

**A** 人里離れた山中のコテージ

**B** 手入れされた日本庭園のある和風家屋

**C** 閑静な住宅街の一等地にある洋風住宅

**D** 遊びにも買い物にも便利な街なかの快適マンション

**E** 田舎にある昔ながらの農家風民家

**F** 機能的でシンプルなホテル仕様の住まい

TEST 40

# 診断

## どんな家に住みたいかによって、あなたの「金銭感覚」がわかります

住みたい家はあなたの生活感覚を表し、それは経済感覚とも関係してきます。

**A** を選んだ人 **欲もなく、質素に生きていくタイプ**

お金に欲のない人。多くを望まず少ない収入で暮らしていける自給自足タイプ。必要なもの以外お金を使わず、つきあいなどには出し惜しみする傾向が。

**B** を選んだ人 **コツコツ働き、コツコツ貯める堅実タイプ**

お金に対して堅実な考えを持っている人。お金は正しく手に入れ、正しく使わなければならないと思っています。勤勉に働き、コツコツ貯めていくタイプ。

**C** を選んだ人 **お金をかける、かけないをキッチリ分けるタイプ**

計算高く、効率よくお金を稼ぐことができる人。価値があると見なしたものにはパッと使うけれど、それ以外の出費にはかなりシビアで、値切るのも上手。

**D を選んだ人　浪費家だけど、遊ぶお金には困らないタイプ**

いわゆる浪費家タイプ。欲しい物がたくさんあり、入ってくるよりも出ていくほうが多いかも。なのに、なぜかいつも遊びに使うお金には困らない不思議な人。

**E を選んだ人　お金には無頓着。収入の範囲内でやりくりタイプ**

あればあったでなければないでいいと、あまりお金のことを考えない人。贅沢は望まず、かといって懸命に働くのも嫌。収入の範囲で暮らせるタイプです。

**F を選んだ人　あればあるだけ使う、いつでも金欠タイプ**

大雑把な金銭感覚の持ち主。宵越しの金は持たないところがあり、あればあるだけ使ってしまいます。そのため、稼いではいても、いつも金欠状態かも。

TEST

41

# あなたは まな板の上の魚です

あなたはまな板の上にいる魚。
いまにも包丁を振り下ろされ、
刺し身にされてしまうところです。
なんとか命を助けてもらうために、
あなたならどんな言葉を口にするでしょうか?

**A**

「家族がいるんです」とひたすら同情を誘う泣き落とし戦術に出る。

**B**

「助けてくれたら、お礼に龍宮城の宝物を差し上げますよ」と取り引きする。

**C**

「いつかきっと、私を殺したことを後悔するときが来るでしょう」とおどす。

TEST 42

# 診断

## 命乞いの言葉から、あなたの「いつか大化けするかもしれない能力」がわかります

絶体絶命の場面でとっさに出る言動には、素顔や底力ともいえる資質が表れるもの。そこから、あなたに備わっているすぐれた才能が浮かび上がってきます。

**A** を選んだ人

### 繊細な心配りが多くの人を感動させる原動力に！

自分を弱く見せて同情を買おうとする泣き落とし戦術は、相手の感情に粘り強く訴える方法です。あなたの中には、人の気持ちを汲み取る繊細な感受性があり、それは、一見なんでもない物事から人の心に訴えかけ、なぐさめとなるものを生みだす能力やエネルギーにつながっています。あなたには、根気よくやりとげることで、多くの人が感動するものを生みだす能力が備わっています。

**B** を選んだ人

### 成功イメージを描くことで人もうらやむ成功者に！

「こうしたほうがあなたにとっても得だよ」と、相手の欲やエゴをくすぐる駆け引き。それは確かな勝算がなければできないことです。実はあなたの中には、「やればできる」という楽天的なプラス思考に裏打ちされた自信があります。どんなジャンルでも、人より抜きん出たいと思ったことは、成功イメージを明確にすることによって達成できるでしょう。あなたは、人から憧れを持って見られる人間になれる可能性を秘めています。

## C を選んだ人　自分の力を信じることで多くの人に影響を与える人物に！

リベンジ、つまり復讐をにおわせる脅しで、相手を屈服させようとする。それは自分の中のパワーを感じ、そのパワーを信じていなければできることではありません。実はあなたには、困難なことに挑戦するチャレンジ精神と、逆境からはい上がることのできる強力なパワーとエネルギーが備わっているのです。あなたは人を動かし、周りに影響力を与える人物になれる可能性を秘めています。

# TEST 42

# 友人に言われたくないなぐさめの言葉は？

最悪の事態で、ひどく落ち込んでいるあなたに、
友達が親切に言葉をかけてくれました。
でも、それはあなたにとって、
ちっともなぐさめにならないどころか、
言われたくない言葉でした。

それはいったいどんな言葉だったでしょうか？

**A**
「あなたならもっとがんばれる。がんばって」

**B**
「かわいそう…同情するわ。つらかったでしょう」

**C**
「あなただけじゃないよ。みんな一緒だよ」

**D**
「失敗することもあるよ。気を落とさないで」

TEST 42

# 診断

## 選んだ言葉から、あなたに「向いている職場・働き方」がわかります

言われたくないなぐさめの言葉は、あなたの自己イメージを否定し、気持ちを逆なでするもの。そこから、あなたがどんなふうに自分を評価してほしいかがわかり、あなたに向く職場や働き方が見えてきます。

## A を選んだ人　地道な努力が認められる堅い職場向き

精一杯がんばっているのに「もっとがんばれ」などと言われたら、「これ以上どうすればいいの」とめげてしまいそうなあなた。そんなあなたに向いているのは、公平な評価がされ、地道な努力が認められる職場。役所や銀行、学校などクリーンなイメージの堅い会社などです。

## B を選んだ人　自分の判断で仕事ができるフリーランス向き

いつも強気で、人に弱みを見せたくないあなた。なのに「同情するわ」などと言われると、バカにされたような気持ちになるでしょう。そんなあなたには、自分の判断で仕事ができるような職場や、フリーランスの立場での独立した仕事が向いています。やっただけのことが報酬に跳ね返ってくるような仕事が、あなたのやる気を起こさせるようです。

## C を選んだ人　個性が認められるクリエイティブな職場向き

自分の個性やオリジナリティを認めてほしいと思っているあなた。なのに「みんな一緒」などと言われたら、「ちっとも理解されていない」という気持ちになるでしょう。そんなあなたには、個性やオリジナリティを尊重し、自由な発想を大切にしてくれる職場が合っています。出版・広告関係などクリエイティブな業界や、装飾品など美しいものを扱う仕事などが向いていそうです。

## D を選んだ人 目標達成に見合った評価が得られる営業職向き

自分がやったことの結果が認められ、評価されることを望んでいるあなた。失敗は認めたくないし、なぐさめほどプライドを傷つけられるものはないでしょう。そんなあなたには、具体的な目標やノルマを達成したときに、それに見合った評価が与えられる仕事がやる気が出ます。営業や販売、特に保険外交やイメージ戦略を必要とする美容業界などが向いていそうです。

# 第5章

# 将来編

## 望み通りの人生を送ることはできるのか

TEST 43

# あなただけの特別な卵は何の卵？

卵をひとつイメージしてください。
それはあなただけの特別な卵です。
その卵について、
Q1〜3の質問に答えてください。

**Q1**

**その卵の大きさはどれくらいですか？　あなたの感覚で答えてください。**

A　すごく大きい
B　大きい

C　それほど大きくない

D　小さい

**Q2**

その卵にはヒビが入り、何かが生まれそうです。生まれるまでにどのくらい時間がかかると思いますか？　目盛りを使って答えてみてください。

↑今すぐ生まれる

かなり時間がかかる↓

**Q3**

その卵から生まれるのは、どんなものでしょうか？　また、あなたはそれが生まれるまでの間、どんな気持ちで待っているでしょうか？　その場面を想像しながら、思いつくまま自由に答えてみてください。

TEST 43

# 診断

## このテストでは、あなたが「なりたい自分になれるかどうか」がわかります

あなたの自己実現欲求の強さを探るテストです。自己実現欲求とは、自分に潜む可能性＝潜在能力を発揮して、なりたい自分になろうとする欲求のことです。

## Q1 卵の大きさは、自分の潜在能力をどの程度とみなしているかを示しています。

**Aを選んだ人**……自分には大きな可能性があると信じ、自分の潜在能力を最大限に発揮したいという気持ちの強い人です。

**Bを選んだ人**……Aほどではないものの、自分の可能性を信じ、自己実現欲求もわりあい強い人です。

**Cを選んだ人**……自分自身に大きな期待は抱いておらず、自己実現欲求も控えめです。

**Dを選んだ人**……自分自身の潜在能力を実際よりも低く見積もっているようです。

## Q2 卵から何かが生まれてくるまでの時間は、なりたい自分になれるまでの時間を表しています。

時間が長くかかると答えた人ほど、今の自分となりたい自分のギャップが大きく、なりたい自分になるのはなかなか難しいことと感じています。

## Q3 卵から生まれてくるものは、あなたが生み出すことのできるものです。

この設問への答えは、「これまで出会ったことのない、何か新しいもの」「すばらしいもの」と期待感あふれるものから、「何か気味の悪いもの」「くだらないもの」などのネガティブなものまでそれぞれでしょう。たとえネガティブな答えでも、それらをポジティブに解釈し、創造的なエネルギーに変えていくことが大切です。たとえば、「気味が悪い」というのは、ほかの人とは違う感性から出てくるものかもしれないし、「くだらないもの」と感じても、それは笑いやエンターテインメントの資質となるものなのかもしれません。

TEST 44

# 3通届いたパーティーの招待状。どれに出席する？

パーティーの招待状が3通送られてきました。
どのパーティーも同じ日時に開かれる予定で、あなたはどれかひとつにしか出席できません。
A～Cの招待状の文面を読んで、
どのパーティーに出席するかを選んでください。

**A**

いつものメンバーだけの集まりです。いつものお店で、いつものおいしい料理と飲み物を味わいながら、ゆったりとした時間を過ごしましょう。

**B**

いろんなジャンルの人をお招きしています。幅広い人脈作りができ、これからのあなたの活動や仕事にも役立てることができるでしょう。

**C**

たんなる社交ではなく、お互いに興味を持ったテーマについて深く語り合うことのできる会です。きっと刺激的で充実した時を過ごせるでしょう。

TEST 44

# 診断

## どのパーティを選ぶかで、あなたの「おすすめの趣味&習い事」がわかります

選んだ文面で、あなたはどんな欲求が強く、何に関心を抱いているかがわかります。それにより今のあなたにふさわしい趣味や習い事のヒントが得られます。

## A を選んだ人　巣作りに役立つ実用的なもの

あなたは自己保存欲求の強い人。生きていくうえで必要な食べ物やお金を得ること、快適な環境作りといったことに関心が集中しています。いわば巣作り本能が強く、自分の居場所でくつろいだ時間を過ごすことに快適さを感じます。

**〈おすすめの趣味・習い事〉**陶芸・料理・日曜大工・釣りなど巣作りに関係するもの。

## B を選んだ人　みんなで活動するボランティアやスポーツ

あなたは社会的な欲求が強い人。社会の中で自分がどう他人と関わっていくかということに関心が集中しています。家にいるより、外に出て活動していることのほうが多いタイプです。

**〈おすすめの趣味・習い事〉** さまざまな種類のコミュニティ活動やボランティア活動、スポーツなど。

## Cを選んだ人　とことんハマることのできる創作系

あなたは性的欲求の強い人。性的な欲求の強い人は、異性でも同性でも魅力的な人とつきあいたいという気持ちが強く、物事に強い刺激を求める傾向があります。何かにハマるとすごい集中力とエネルギーを発揮します。

**〈おすすめの趣味・習い事〉** 映画や読書、創作活動や知的探求のための勉強会など。

**【解説】** A・B・Cの3つの欲求は誰もが持っているもの。そのうち、どの欲求がいちばん強いかによって、個人の持つ関心事が違ってくるわけです。

TEST 45

# 空高く飛んでいった風船のゆくえは?

あなたが手を放してしまった風船が
空高く飛んでいきました。
その後、この風船はどうなったでしょうか?

**A**

**カラスにつつかれて割れてしまった。**

**B**

**近くの町まで飛んでいった。**

**C**

**天空高く飛んでいって見えなくなった。**

**D**

**海を越えて遠くの町まで飛んでいった。**

TEST 45

# 診断

## 風船のゆくえで、あなたの「夢や希望が叶えられる可能性」がわかります

風船は、あなたの夢と希望の象徴です。その風船のゆくえから、あなたの夢や希望が叶えられるかどうかが見えてきます。

**A を選んだ人**

### 「しょせん夢は夢」。はじめから期待しないタイプ

あなたは無意識のうちに、自分の夢や希望は叶うはずがないと思ってしまっている人のようです。だから、はじめから大それた夢や希望を持たないようにし、あきらめムードでいるのかもしれません。

**B を選んだ人**

### 実現可能な夢を描き、それを叶えるタイプ

あなたの思い描いている夢や希望はわりあい現実的で、努力次第で実現可能なもののようです。それゆえ、あなたさえその気になれば、自分の夢や希望を

叶えることができるでしょう。

## C を選んだ人　大きな夢をふくらませるが、努力はしないタイプ

あなたは空想の中で自分の夢や希望をふくらませている人のようです。現実にはその夢や希望を実現するための努力を怠り、このままでは結局、夢は夢のまま、希望は希望のままに終わってしまいそうです。

## D を選んだ人　大きな夢や希望を抱き、実現しようとするタイプ

あなたは大きな夢や希望を持ち、いつかは必ずそれらを実現させたいと思っている人です。そして、時間はかかっても、きっと自分の夢や希望を叶えることができるでしょう。

TEST 46

# 「仕事が終わらない」のつぶやきに続くセリフは?

夜のオフィスで、
男性がひとりパソコンに向かって仕事をしています。
思わず「なかなか仕事が終わらない……」
とつぶやきました。

さて、そのあとに続くセリフは次のどれでしょう。

**A**
でも、今日はこのへんで
おしまいにして、
帰って寝ようかな。

**B**
よし、徹夜して
全部終わらせてしまおう。

**C**
ひとまず気分転換に、
ゲームでもやろうかな。

TEST 46

# 診断

## 仕事が終わらないときに考えることで、あなたの「人生のピークの時期」がわかります

あなたが選んだ言葉は、あなた自身の仕事への取り組み方を表しています。そこから、あなたの人生のピークがいつ頃やってくるかがわかります。

**A を選んだ人　大器晩成型**

若い頃は努力のわりには報われず、鳴かず飛ばずの下積み人生が続くかもしれません。でも中年期後に意外な大転換期が訪れ、思ってもみなかった成功に恵まれる可能性がありそうです。そしてかなり年を取ってから、「これが若いときならよかったのに」というくらい人生最高の時期を迎えるかも。数十年後にも自由に動き回れるだけの体力・気力を維持できるようにしておきましょう。

**B を選んだ人　ピークは学生時代**

あなたの人生のピークは小中高校から専門学校や大学までの学生時代。つまり社会に出るまでがピークで、その後は地道に努力を重ね、平穏な生活が続きそう。華々しい成功よりむしろ、日々の積み重ねが大きな実りになるような、着実な人生を送るでしょう。仕事に限らず、趣味や特技など好きなことを続け、人に教えられるくらいの腕前や立場になることを目標に励みましょう。年を取って「先生」と慕われることで、堅実ながらも大きな充足感を得られるはずです。

## C を選んだ人　ピークは20代後半～30代

あなたのピークは20代後半～30代。社会に出てしばらくは、仕事でも何でも自分のやりたいようにでき、自分は天才かと思えるような充実した日々が続きそうです。しかし、それ以後、年を取るにつれて人生のピークから下り坂へと向かう恐れが。そうならないためには、人生の楽しみも苦しみも分かち合える友人や家族との関係を大切にしましょう。自分のためだけでなく、まわりの人のことも考えられるようになれば、ふたたび奮い立つことができるでしょう。

TEST 47

# 訪ねたレストランが本日休業！誰が悪いの？

おいしいと評判のレストランに
一度行ってみたいと思っていたあなた。
「今日なら開いているはずだよ」と友人が言うので、
出かけてみました。
ところが、店の前まで行ってみると
「本日休業」の札が……。
さて、あなたはどう思ったでしょうか。

**A**

「営業時間を確認しておけばよかった」と自分を責める。

**B**

「いい加減なこと言うなあ」と友達に腹が立つ。

**C**

「仕方ない。運が悪かったな」ときっぱりあきらめる。

TEST 47

## 診断

### このテストでは、あなたの「人生が望み通りにいかない理由」がわかります

うまくいかなかったことを何のせいにするかによって、その人の物事への取り組み方がわかります。そこから、あなた自身のやり方の問題点が見えてきます。

**A を選んだ人**

### 思い通りにやろうと力みすぎてうまくいかない

あなたは自分の力で望み通りの人生を勝ち取ろうと努力する人。「やればできる！」と信じ、がんばって物事を達成しようとするでしょう。そんなあなたがうまくいかないと感じているとすれば、それは一生懸命すぎるせいかも。肩の力を抜いてリラックスし、自然な流れに任せてみましょう。押せば開く扉を引っ張っていたことに気づいたときのように、楽に先へと進めるようになるでしょう。

**B を選んだ人**

### 調子のいいときに思い上がってうまくいかない

あなたは損得を第一に考え、効率よく物事に取り組む人。空気を読むのが上手で、ちゃっかりしているので、実力以上の結果を出すことができます。そんなあなたが思い通りにいかなくなるのは、むしろ物事がうまく進んでいるとき。好調に浮かれて思い上がった態度をとり、周囲の反感を買ってしまうからです。また地道な努力や細かい作業を軽んじて、悪い方向に進むことも。うまくいっているときほど些細なことに目を向け、謙虚さを忘れないことがコツです。

## Cを選んだ人　努力不足とあきらめが早くてうまくいかない

あなたは努力もしないでよい結果を期待しがちな半面、あきらめが早い人。「やればできる」と思ってはいるものの、なかなか行動に移さず、結局「やればよかった…」と後悔で終わるタイプです。そんなあなたは、やるべきことを先延ばしにし、空想の中で自分の願望を満たそうとしているだけでは？　自分の可能性を狭めず、失敗するかもしれなくてもトライしてみるべき。結果がどうあれ、その結果を受け止めることが、人生を切り開くことにつながります。

TEST 48

# 帰る途中に突然の雨。さあどうする?

家に帰る途中、
電車から降りたとたんに土砂降りの雨。
あなたは傘を持っていませんでした。
駅から家までは歩いて10分ほどの距離。
さて、あなたはどうしますか?

**A** 走って帰る。

**B** 傘を買い、さして帰る。

**C** 家に連絡して迎えを頼む。

**D** 雨宿りをする。

TEST 48

# 診断

## 突然の雨にどう対処するかで、あなたの「10年後の姿」がわかります

突然の雨という想定外の出来事への対応には、基本的な構え方や対処法が出てしまうもの。そこから、あなたの10年後の姿が浮かび上がります。

A を選んだ人

**今とはまったく違う波乱万丈の人生かも**

あなたは人生を生き急ぐ人。何でも思い通りにしようと、力ずくで押しまくる面があります。そのため、周囲の抵抗にあってうまく進まなかったり、思いとは違う現実に直面したりと、波乱万丈の人生を送る可能性が。10年後は、海外で暮らしているなど、今とはまったく違う生き方をしているかもしれません。

B を選んだ人

**自分で設定した目標の達成をめざして邁進中**

あなたはスマートに生きようとする人。目標を定め、効率よいクリアを目指

します。器用なようですが、目標を達したら次の目標へと常に駆り立てられているせわしない面も。10年後のあなたも、高い理想を持って、人脈づくりやキャリアアップに励んだり、理想の家庭を築こうと必死になっているでしょう。

## C を選んだ人 過去のことを振り返り、後悔の日々

あなたは周囲の期待に応えようとする人。周りを気にして、自分の人生なのに自分で決められない面があるようです。そんなあなたの10年後は、「ああすればよかった」と後悔が多いかも。とはいえ、一方では「これでよかったのだ」という気持ちもあり、平凡ながらも安定した日々を送っていることでしょう。

## D を選んだ人 今とあまり変わらないマイペース人生!?

あなたはマイペースの人。周囲の影響を受けずのんびり構えていますが、粘り強い一面もあります。10年後のあなたは表面的には今とあまり変わらない人生を送っているかも。でも、それが何となく望んでいた生き方だったということなのかも。

TEST 49

# 何かを描き足して風景画を完成させよう

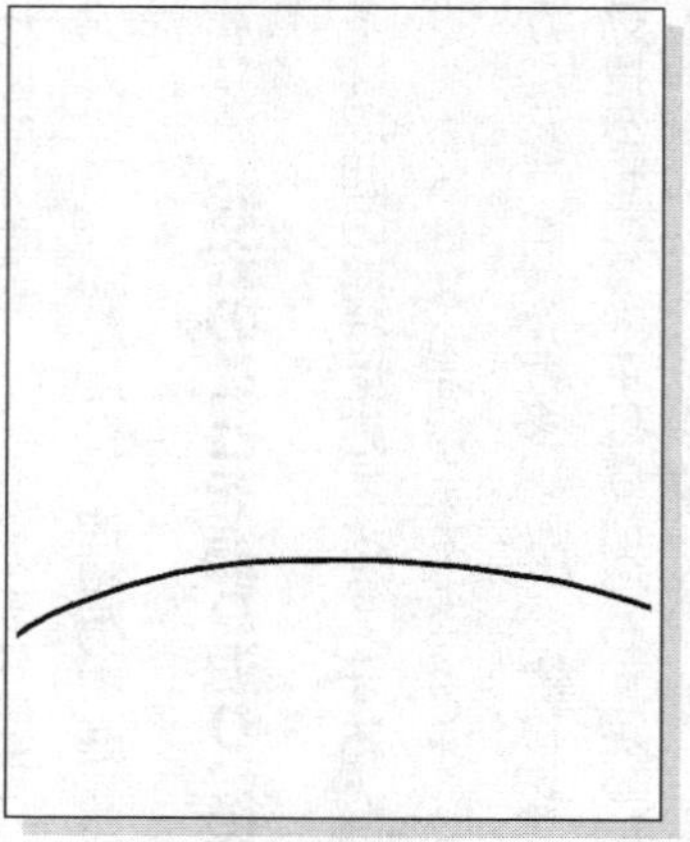

真っ白いキャンバスに、空と大地だけが描かれています。

これだけではあまりに殺風景なので、何かを描き足して風景画を完成させたいと思います。

あなたなら、何を描き足しますか？

**A** 虹と
パラグライダー

**B** 月とラクダに
乗る人

**C** 家と木

**D** ビルと車

TEST 49

# 診断

## 何を描き足すかで、あなたが「どんな人生を送りたいと思っているか」がわかります

人には何となく心ひかれる風景があり、そこにあなたの憧れが隠されています。あなたが好む風景にはあなたが夢見る理想の人生が投影されているといえます。

**A を選んだ人**

## 好きなことと楽しいことを求める享楽タイプ

あなたは「楽しくなければ人生じゃない！」がモットーの自由人です。旅行をしたり、いろんなところに出かけ、いろんな体験をして、いろんな人と友達になって、一生好きなことをして遊んで暮らせればどんなにいいだろう、と思っています。

**B を選んだ人**

## 人生のわびさびを感じたい趣味人タイプ

あなたは「人生は、はかなく美しい」と感じている趣味人です。生きること

の哀しさやむなしさを感じながらも、だからこそ何気ない日常の中にも感動を求め、常に美しいものや洗練されたものに囲まれた生活をしたいと望んでいます。

## C を選んだ人　豊かな自然に身を置きたいエコロジストタイプ

あなたは「自然とのふれあいを大切にしたい」と感じているエコロジストです。ナチュラル志向で、都会の喧騒から離れ、豊かな自然の中で暮らしたいという気持ちの強い人です。自給自足的な生活に憧れ、鳥や花や動物に囲まれた生活を夢見ています。

## D を選んだ人　洗練されたセレブな生活をめざす都会派タイプ

あなたは「便利で快適、ワンランク上の生活」を望むステイタス派です。機能的で効率を重視した生活環境に憧れ、仕事や社交、多忙な趣味を一度にこなすことのできる現代的なライフスタイルに憧れています。

TEST 50

# 天使のお告げをどう受け止める?

落石事故にあったものの、九死に一生を得たあなた。
そこに天使が現れてこう告げました。
「今回は助けてあげましょう。
でも、どのみち、あなたの寿命はあと1週間。
1週間後にまた迎えに来ますよ」
お告げのあと、天使の姿が消えたとき、
あなたがつぶやいたひと言とは?

**A**

「助けてもらっただけでもありがたい。感謝します」

**B**

「なんだ、どっちにしろ死ぬのか。絶望的じゃないか」

**C**

「どうして1週間なの？あと1週間という根拠は何？」

**D**

「だったら、残された1週間を力の限り生きよう」

TEST 50
## 診断

### 天使のお告げの受け止め方で、あなたが「人生に求めているもの」がわかります

誰でも自分の人生に求めているものがあり、それが得られれば充足感に満たされます。天使のお告げをどう受け止めたかに、それが表れています。

**A を選んだ人** **愛を求め、親密な人間関係を好む**

あなたが人生に求めるもの。それはズバリ「愛」です。愛さえあれば、ほかのものはなくても生きていけるでしょう。恋人や結婚相手のみならず、家族や友人、その他の親しい人々と、一対一の親密な関係を築きあげていくことが、あなたにとっていちばんの充足をもたらします。

**B を選んだ人** **真実を求め、ウソや偽善を憎む**

あなたが人生に求めるもの。それはズバリ「真実」です。不快なことや嫌な

こと、悲惨なことであったとしても、それが真実であるならば受け入れる。ウソや偽善は大嫌い。真実を知ればそれでいいというのがあなたのスタンスです。

### Cを選んだ人　孤独を求め、ひとりの時間を大切にする

あなたが人生に求めるもの。それはズバリ「孤独」です。一生のうちで、人はどれだけ他人に煩わされず、自分だけの静かなときを過ごせるだろうか。ひとりでいられる時間と空間がたっぷりあれば人生は充足する。そう考えるからこそ、あなたは孤独を求めるのでしょう。

### Dを選んだ人　正義を求め、正しいことをするのがポリシー

あなたが人生に求めるもの。それはズバリ「正義」です。悪がはびこり、不正がまかり通ることほど許せないものはない。自分は正しいことをし、正しいことに従うというのがあなたのポリシー。あなたにとって、正義が勝つのを見届けることほど、すばらしい人生体験はほかにないでしょう。

**中嶋真澄**（なかじま・ますみ）

作家・パーソナリティ研究家、エニアグラムアソシエイツ主宰、一般社団法人エニアグラム・コミュニケーション・ラボ(ecl)副代表、ヨガインストラクター（全米ヨガアライアンスRYT200取得)。性格診断・心理テストに関する著書多数。最近の著書に『面白すぎて時間を忘れる心理テスト』『不思議なほど当たりすぎて時間を忘れる心理テスト』(三笠書房王様文庫)『思わず他人に試したくなる心理テスト』(PHP研究所)『心の奥まで丸見え！当たりすぎて怖い心理テスト』(池田書店)など。

エニアグラムアソシエイツ
https://enneagramassociates.com/

中嶋真澄アーカイブ
https://majikanakajima.com/

中嶋真澄ONLINE
http://hito.main.jp/

イラスト：にしだきょうこ（verso graphic）

本書は、2003年に永岡書店より発行された『ココロの本音がよくわかる 魔法の心理テスト』を改題し、2006年発行『魔法の性格丸見えテスト』、2011年発行『幸せ力がアップする！魔法の心理テスト』(ともに永岡書店) からも一部抜粋して加筆修正したものです。

二見レインボー文庫

面白《おもしろ》いほど自分《じぶん》がわかる　心理《しんり》テスト

監修者　中嶋真澄《なかじままずみ》

発行所　株式会社 二見書房
東京都千代田区神田三崎町2-18-11
電話　03(3515)2311［営業］
03(3515)2313［編集］
振替　00170-4-2639

印刷　株式会社 堀内印刷所
製本　株式会社 村上製本所

落丁・乱丁本はお取り替えいたします。
定価は、カバーに表示してあります。

ISBN978-4-576-19016-7
https://www.futami.co.jp/

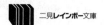